中小企业营销指南

郭四海 编著

金盾出版社

内容简介

　　企业重在发展，营销极其关键。本书分为十二章，分别从营销策略，市场行情，对手特点，顾客至上，激发消费，手段创新等方面，深入剖析国内外商界的成败经验教训，从不同的角度、不同的方面，详尽探讨企业营销的根本问题，是企业营销制胜的指导书籍，是企业主管、决策部门或管理人员谋划企业走向成功的得力助手。

图书在版编目(CIP)数据

中小企业营销指南/郭四海编著 . -- 北京：金盾出版社，2013.5
ISBN 978-7-5082-8145-2

Ⅰ. ①中… Ⅱ. ①郭… Ⅲ. ①中小企业—供销经营—指南
Ⅳ. ①F276.3-62

中国版本图书馆 CIP 数据核字(2013)第 040841 号

金盾出版社出版、总发行
北京太平路 5 号(地铁万寿路站往南)
邮政编码：100036　电话：68214039　83219215
传真：68276683　网址：www.jdcbs.cn
封面印刷：北京精美彩色印刷有限公司
正文印刷：北京万博诚印刷有限公司
装订：北京万博诚印刷有限公司
各地新华书店经销
开本：880×1230 1/32　印张：9　字数：226 千字
2013 年 5 月第 1 版第 1 次印刷
印数：1～6 000 册　定价：21.00 元
(凡购买金盾出版社的图书，如有缺页、
倒页、脱页者，本社发行部负责调换)

前言

　　企业生存的关键是营销。在充满竞争的市场环境中,营销是一场既要斗智斗勇,又要讲究策略的社会活动,现代企业要赢得市场营销的胜利,就需要讲究方式方法,出其不意,出奇制胜。目前,之所以一些中小企业的淘汰率很高,其中市场营销不力是一个重要原因。

　　在20世纪80年代,市场需求大于市场供应,在企业中"生产"是最重要的,所以生产部门在企业中的地位是最高的。到了20世纪90年代,众多企业纷纷重视资本运营,财务部门在企业中唱起了主角。进入21世纪,在我国不少企业中,仍存在市场营销与生产制造、财务等职能部门孰轻孰重的争论,这是一种本不应该出现的现象。因为,当今市场是供大于求的买方市场,企业的中心是顾客,是消费者,企业的各职能部门都应该以满足市场需要,满足顾客需要为出发点。树立先进的营销观念,各部门协同工作,以便更好地为顾客服务,只有一切从顾客出发,才是企业的生存之道。

　　进行有效的市场营销是企业在激烈的竞争中维持生存、

不断发展的重要手段和制胜法宝。市场营销,简单地说,就是以满足市场消费者需求为目标而展开的一系列经营活动。在商品市场日益繁荣和企业竞争日益激烈的今天,市场营销已经成为各个商家的头等大事,可以说"无营销不市场"。

企业要想获得生存和发展,经营者必须懂得营销的技巧和知识,了解一定的市场营销规律,掌握一定的营销策略和技巧,可以使经营者在市场中如鱼得水,左右逢源。本书全方位让中小企业了解市场营销,引导中小企业有序地参与市场竞争,顺利地迈上成功之路。

在本书编写过程中,得到刘友明、杨小明、周小军、杨霜、陈德军、陈雄伟、饶鹤龄、陈永胜等人的大力帮助,在此谨向他们表示由衷的感谢!

由于本人水平有限,书中如有错漏之处,敬请读者提出宝贵意见,以便再版时修改完善。

编 著 者

目 录

第一章　营销策略适者为王

第二章　抓住根本质量先行

第三章　了解行情定位产品

第四章　把握市场精准预测

第五章 了解对手超越对手

第六章 张扬个性扬长避短

第七章　顾客至上满足需要

第八章　建好渠道终端制胜

第九章　留住客户服务到位

第十章　广而告之始闻酒香

第十一章　积极引导激发消费

第十二章　跟上潮流手段创新

第一章 营销策略
适者为王

正确认识市场营销

在全球化竞争的 21 世纪，市场营销成为企业制胜的战略利器。然而在中国，真正能够有效地运用市场营销策略，能够正确地实施市场营销战略的企业仍属凤毛麟角，很多中小企业未能真正掌握市场营销的基本技巧与核心原则。

市场营销并不是促销的代名词，然而，人们在日常生活中经常将营销作为推销或促销的同义词。经常出现错误的表达是：本来想说某种新产品的广告或是促销给人留下了深刻的印象，但却说成了这种新产品的营销策略给人留下了很深的印象。在现实中，混淆市场营销和促销的后果必然导致企业运作失误。促销是市场营销的一部分，而且是一小部分，市场营销所包括的不仅仅是促销一项活动。

促销是以产品为导向的，即在企业推出一项产品或服务后，开始全力对其进行销售，想方设法把库存的商品卖出去。如果企

业到了促销阶段才开始考虑如何进行市场营销那就太迟了，应该在产品推出之前就应该进行市场营销工作。实际上，一份完美的市场营销策划方案会帮助企业设计出更好的满足消费者需求的产品。在开发一项产品或服务之前，企业要了解消费者到底需要什么，这样就能够减少在消费者需求与企业产品之间出现的错位现象。因此，市场营销是以消费者为导向，而不是以产品为导向，说到底，市场营销主要考虑的是为消费者生产什么样的产品。

市场营销是生产企业能卖出去的产品，而不是卖企业能生产的产品。如果每个企业都只是把注意力集中到销售它们所能制造的产品，而不是去适应消费者日益变化的需求，那么其产品很可能会成为滞销品。因此，以市场为导向的公司不应当墨守成规，只去推销千人一面的老产品。它们会根据消费者需求的变化而不断地改进其产品，推陈出新，加速更新换代，从而使企业始终保持领先一步。

在实践中，有些企业将市场营销仅仅理解为销售和促销，在产品销售上采取的策略也局限于降价、广告大战等，这就好比程咬金的三板斧，除此之外就别无他法了。这是对市场营销的误解。

那么，什么是市场营销呢？国内外的学者对此有不同的理解。比较权威的定义，市场营销是指个人和群体通过创造产品和价值并同他人进行交换以获得所需的一种管理过程，它包括生产前的调查，产品的生产和销售的各个方面，只要是为产品最终销售服务的管理都是市场营销的一部分。市场营销贯穿于企业创办、投资扩张、市场经营的各个方面、环节和阶段，是企业整体运行和发展策划的有机组成部分。

因此，对于市场营销，不能只做狭义的理解。

把握中小企业市场营销特点

中小企业是从企业规模上对企业所做的一种描述。我们不能忽视企业规模对企业管理活动的影响，因为市场营销是企业管理中的一部分，所以市场营销自然会受到企业规模的影响。

市场营销是企业与其他主体进行交换的产物，而交换要遵循等价的原则，并且交换双方均应享有法律规定的平等权益。但中小企业的市场营销与大企业相比有许多不同的特点，甚至存在根本性的区别。就像单个消费者在市场上买东西就没有机会享受与大买主同样的价格一样，虽然市场营销的基本原理对大企业和中小企业是相同的，但是许多营销策略和方法对中小企业却是不同的。这种差异性集中表现在两个方面：一是一些营销策略和方法更多地适合于大企业采用，而中小企业采用往往很难得到理想的结果；二是即使是对两类企业都适用的策略和方法，中小企业在采用的范围、形式和条件上也会有很大的不同。

那么，中小企业市场营销有什么显著特点呢？

一是贴近顾客，产品具有针对性。中小企业管理结构简单、层次少，经营者往往与客户直接接触，熟悉了解市场并根据市场需求提供产品或服务，具有自发的市场导向，这对中小企业的生存和发展起到了关键性的作用。或许正是由于"了解"市场，使得许多中小企业忽视对市场需求的深层研究和数量把握，导致决

中
小
企
业
营
销
指
南

策科学性差。由此也导致一些中小企业的经营者因过分偏爱自己的产品，而往往忽视对其技术和服务的创新，以致缺乏市场竞争力。这种初级"市场导向"常常限制了中小企业的发展。

二是经营灵活，适应市场能力强。中小企业在捕捉市场机会，调整产品结构或业务范围方面占据有利条件，因为船小好调头。但这也往往使得一些中小企业由于没有一个明确的战略定位，盲目跟着市场走，市场上热销什么就上马什么，哪怕是虎口夺食也是在所不惜。这些企业很难取得竞争优势和自己的专业特色，相当多的中小企业由于缺少稳定的业务发展方向，忽视对市场的深入研究，只是抓住市场的表面或短期变化即匆匆作出决策，并常常因短视而使企业陷入困境。

三是经营业务，要"小而专、小而特"。中小企业实力较弱，往往无法经营多种产品以分散风险，但是可以集中兵力发挥自身优势的细分市场来进行专业化的经营。这就是中小企业的"小而专、小而特"的战略。专注于小的、特殊的细分市场，是许多成功的中小企业的一个主要特征。由于细分市场小，难以引起大企业的兴趣或者大企业根本不适合进入该产业，因此就成为中小企业驰骋的天地。"小而专、小而特"的策略有利于中小企业避开自己财力较弱的不足，避免打价格战，另辟蹊径，寻找一条适合自身发展的道路。

但是，中小企业在实施"小而专、小而特"的策略时，也应当进行较为深入的市场调研，避免选择一个规模过小和前景短暂的细分市场，影响企业的后续发展。

四是竞争力较弱，易受市场冲击。由于中小企业在生产规模和资本积累方面的劣势，其劳动生产率较低，生产成本高，在市场上缺乏竞争力，多数产品和技术属于模仿性质，并处于产品生命周期的成熟期甚至衰退期，加之竞争难度大，很难与拥有充足资金、技术和销售网络的大企业相抗衡。同时，中小企业缺乏全面引进设备和技术的资金来源，而自身又难以承担基础研究和科研创新的任务，使其在市场竞争中处于被动局面。相对于大企业来说，平均寿命较短，倒闭风险高，在价格、技术或服务竞争中往往处于劣势。在经济衰退时期，中小企业受到的冲击尤其严重。

总之，中小企业要认识到自己的特点，量身打造营销策略。

中小企业要做好营销定位

在竞争日益激烈的市场中，中小企业如何找到自己的市场生存和营销空间，其中定位策略的运用是在竞争中决定胜负的关键手段之一。

定位就让企业和产品在潜在顾客的心目中确定一个适当的位置。只有有了一个恰当的位置，顾客才容易记住。

譬如人们容易记住第一名。当有人问：谁是第一个成功地飞越大西洋的人？有人会说：查尔斯·林德伯格。再问：第二个人是谁？就无言以对了。这就是公司拼命争夺首位的原因。对于中小企业，要争夺行业老大的名声，显然是天方夜谭的事情，但是，这并不能否认中小企业在市场谋求某方面第一的可能性。对于中小企业来说，重要的是在某些有价值的属性上取得第一。比

如在产品的功能、技术、大小等方面，而非"规模"上最大。又比如某某牌香皂是除臭香皂的第一名，某某牌洗衣液是手洗洗衣液中的第一名。中小企业应识别并确定品牌令人信服作为自己的一种重要属性，同时不断强化这种属性，其品牌就可深深地印在人们心中。

营销定位策略要灵活运用，主要是寻找市场空隙，然后钻进去填满，占据这个空隙，从而确定在消费者心中的位置。

在实际操作中，营销定位应遵循以下几个步骤：

一是在目前的市场竞争态势中，了解顾客如何定位本公司的产品或服务。分析市场竞争态势，并透过市场调查与营销情况，研究顾客到底如何看待本公司的产品或服务。只有了解顾客对本公司产品的最主流的看法，才能为本公司的产品定位打下坚实的基础。

二是本公司希望产品或服务有什么特殊的定位。在了解目前所处的竞争态势中，可依据营销研究所搜集到的信息判断，并依照目标市场的顾客层或目标顾客、产品差异以及竞争者的市场定位等要素，确定最适合自己并能长期从事市场营销的有利位置。

三是如何成功地掌握最适合自己的市场利基。"利基"一词是英文的音译，有拾遗补缺或见缝插针的意思。所以，利基市场营销又称补缺营销。

利基市场营销是指企业作为一个营销者，为了避免在市场上与强大的竞争对手发生正面冲突而受其攻击，而采取的一种利用营销者自身特有的条件，选择竞争对手获利甚微或力量薄弱的小块市场，常常也称为利基市场或补缺基点，以小块市场作为其专门服务的对象，全力予以满足该市场的各种实际需求的思路，以

达到牢固地占领该市场的目的。

其主要的定位思路与方法是：别人不做的我做；别人没有的我有；别人做不到的我做得到。

四是是否有相当的财力以攻占并控制所定位的优势。成功的营销定位策略，其所遭遇的最大阻碍与瓶颈，即是去尝试根本无法达到的目标。所谓"有多少钱，做多少事"，就是这个道理。

五是对于所定位的市场位置是否能长久落实。定位是一种对目标市场顾客印象与认知的长期累积。因此，一旦确立了定位，除非市场发生极大的变化，定位必须随之改变，否则，便应持续不断地全力以赴。不然，定位便无法彻底落实，顾客也会产生混淆与摇摆不定。

六是广告创意是否与定位相吻合。广告是营销策略的具体表现，定位则是广告诉求的背后意图与意识形态，例如白领阶层的定位与艺术家的定位是显然不同的。因此，广告创意与定位策略必须相结合，方能真正发挥营销定位的预期效果。

总之，中小企业只有找到自己的营销定位，才能找到自己的营销空间。

中小企业促销要坚持量入为出的原则

很多中小企业看着库存多起来了的时候，往往是开始疯狂的促销，甚至不计成本，回头一算账，库存是没了，但也没赚什么钱，一旦亏了本，真是得不偿失啊！

经济原则是中小企业促销的首要原则，因为促销活动在很大程度上是把握顾客心理的行为，究竟能获得多大效益，不一定与投入多少相联系，这也正是中小企业可以充分发挥自身优势的契机。如果盲目追求广告效应，或促销投入不足，或把握时机不佳等都将导致投入失败问题。因而营业推广、公共关系、人员推销这些灵活多样的促销方式一定不能忽视。

很多企业在产品销售陷入困境的时候，往往采取促销的方式来解决问题。但企业的促销行为有一个前提，就是保证一定的成本效益比。从一定时间范围来看，带来的收益（有形的或无形的）必须大于投入，否则就是得不偿失；从经济效益的角度来讲，广告、人员推销和营业推广所带来的销售额的增加，至少应大于运作这些促销行为的费用，如果达不到这个标准，我们只能说这些促销是"不经济的"或是不成功的。另一方面，从社会效益的角度来说，确实很难以一个功利的标准来判断一次促销活动的"收益"是否大于"成本"。这种无形的财产尽管无法用金钱来衡量，但是，可以通过一套评估体系与标准进行量化评估。

在实际操作中，什么样的市场营销标准才是"经济"的呢？要根据企业实际来判断，以下市场营销标准仅供读者参考。

一是企业生命周期标准。不同的企业生命阶段，促销投入显然是不同的。产品导入期促销要大规模展开，以广告为主投入较大；企业成长期则侧重于企业形象的塑造、客户关系的巩固，以公关和推销为主，投入相对较少；企业成熟期收入增加，市场份额稳定，开始让利于顾客以保证销量和市场，营业推广多投入大，但与导入期相比资金宽裕得多。

二是企业实力标准。一些方法肯定是不适合于中小企业的，如竞争对抗法，要求促销费用与竞争对手持平；又如销售额百分比法，小企业市场环境不够稳定，该法的费用确定太死板，不利于调节。

三是市场潜力与份额标准。如果企业促销开发的市场潜力巨大，可以有较多的市场份额，那么较多的促销投入就是合适的。

四是市场需求弹性标准。一些产品的市场需求与市场因素间缺乏弹性，大量的促销如石沉大海。比如说，不论价格多么便宜，质量多好的打气筒也不会有人买几个回家存放，而另外一些产品则不然，打折的衣服往往可以大大地提高销售量。

中小企业应在有限的资金中达到最佳选择，在众多的营销形式中尽可以开动脑筋，找出花钱少收效大的方法来。

如何避免与大企业撞车

成功经营一个企业，单凭"匹夫之勇"是不够的。中小企业要找到一些适合自己的市场开发策略，避免与大企业直面竞争，另辟蹊径，寻找一条适合自身发展的道路。

中小企业在选择或进入细分市场时，常常需要更细致地做好市场细分工作，避免为追求暴利而与大企业直接竞争，要学会在大企业的夹缝中生存，积极寻找市场的突破口，选择开发无竞争或少竞争的市场，以争取实际的生存发展机会。

一、寻找市场空白，开发与创造新的市场

补缺市场是指那些被同行忽略的特定的细分市场，或者尚未

有竞争者涉足的空白市场。补缺市场常常是竞争的"世外桃源"，其特征是细分市场规模小，大企业因难以达到规模经济而将其忽略或不愿为其专门提供产品，因而顾客需求未被满足或未被很好地满足。

无论是市场空白还是未被很好满足的市场，都可能成为中小企业的发展机会。中小企业可以有选择地为该细分市场专门设计提供适用新产品或改进产品，以满足和赢得该市场。这通常被称为用较新的产品满足新市场。如果企业没有开发该类市场的经验，风险会较大，要进行细致的市场调研和周密的计划。

减少风险，企业可以为现有产品（成熟产品）寻找新市场，或者为现有顾客提供新产品或改进型产品，或者为现有产品提供企业有能力提供的相关产品。这些策略都有助于降低经营风险，增加销售份额或提高对顾客需求的满足程度。

二、发现市场空当，进入无竞争领域

市场空当是指不同企业在不同类产品或同一类产品的不同型号或品种之间所形成的空隙地带。

市场空当产生的原因与市场空白相似，也是中小企业发展的重要领域。中小企业要善于发现和开发市场空当，从竞争对手认为无利可图甚至不可能的市场中，从对顾客需求的细微满足中获得发展和盈利机会。例如，以生产安全刮胡刀片著称的美国吉列公司曾做出一个"荒唐"的举动，推出面向女性的雏菊牌专用"刮毛刀"，同行都认为吉列公司发疯了，但结果却是一炮打响，产品畅销全美国。

发现市场空当的方法很多：通过加强现有产品来增加其他功能。满足顾客对复合产品的需求，如为传真机增加打印功能；通过减少产品的功能，降低产品价格，或许能更好地满足某些顾客的要求；在满足顾客需求的基本功能时，关注顾客是否有其他未被满足的需求。如日本某厂商发现家庭主妇在熨烫衣服时因熨斗电线缠绕而造成不便，于是开发了极受欢迎的无线电熨斗。

三、寻找市场缺口乘虚而入

市场缺口就是一个企业或产品进入一个已经存在且竞争较为激烈市场的通道，也称突破口。发现市场缺口，会使进入的困难和障碍小得多，即"进入壁垒"较低，成功进入的机会也较大。这些缺口大多是大企业不关注的市场缝隙，可以避免与其正面对抗。

中小企业在异地市场上寻找和瞄准市场缺口时，可采用两种策略：一种是从市场空间上发现市场缺口，二是从市场商品类别上发现市场薄弱环节。

中小企业一定要避免和大企业撞车，以免造成鸡蛋撞在石头上的局面。

做一个后来居上者

在市场竞争中，大多数中小企业都意识到"抢占先机"的重要性。把先进入市场作为赢取市场竞争的先决条件和筹码。因此，很多人在产品一问世就急匆匆地推上市场，以"第一视觉"的姿态吸引消费者的注意。但是并非所有先入者都能获得成功，那些后来者也可以使用适当的决策和方法战胜先来者，取得营销

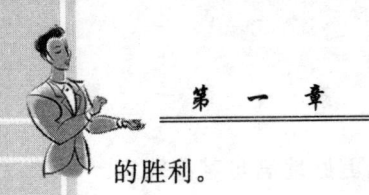

的胜利。

在人们的一般概念中，往往认为"先入为主"的效力是很强的，但一些企业一味地为了先入，往往准备不充分就投入市场，结果往往是弄巧成拙。相反，后进入市场的企业往往是做好了充足的准备，具有不为人知的优势。

首先，后入市场者能够洞悉所有之前进入市场者产品的优势，并将它们的优势吸收进来为己所用，令自己的产品更具有竞争力。因为新产品投入市场一般都要有一个磨合期或改良期，先入者总会损失一部分资金根据消费者的意见进行产品的更新或改良，但是后入者就省去了这个麻烦。

其次，后入市场者省去了前期扩展市场和宣传的费用。新产品投入市场，总是会投入一定的广告费用来进行宣传，让消费者知道并了解该产品，但是等到销路打开，人们对产品已经了解和熟悉后，后来者就可以直接将产品推向市场，省去了事先打开销路的费用。

最后，后入市场者可以充分了解竞争对手的详细情况，并根据他们的弱点对其进行攻击，在产品没有进入市场之前，竞争者之间的关系都是潜伏和不明朗的。可是产品推出之后，谁是竞争者就一目了然了。明确了竞争者，又明确了他们的宣传策略和促销方法，那么后来者就能够有针对性地防御和攻击竞争者。

奥克斯集团是当今中国空调市场的名牌企业。

奥克斯发展到现在的规模是令人惊奇的。2002年奥克斯是作为一个后来者进入中国空调市场的。当时中国已经有春兰、格兰仕、格力等众多的空调品牌，它们都已经以先入者的姿态几乎占领了整个空调市场，但是奥克斯并没有半点退缩和畏惧，反而主

中小企业营销指南

动地向空调市场发起了挑战。2003 年，奥克斯通过多家媒体揭露了多家空调企业"质量恐惧"和"价格恐惧"的黑幕。奥克斯提出，很多企业通过有问题的配件生产劣质空调，并且在市场上打出过高的价格，追求过高的利润。与此同时，奥克斯顺势提出了优质优价的营销策略，这一挑战性的提出，让整个空调业都为之震动，令他们感到惶恐。奥克斯显然是经过长时间的准备和摸底调查的，将空调企业的黑暗面曝光并针对竞争对手的弱点进行攻击，令他们感到措手不及，由此成功地打响了一个后来者进入中国市场的"第一炮"。

之后，奥克斯不断在各个方面调整，力争超过先入者，达到"后来者居上"的目标。

所以，从很多角度看，往往后来者比先入者具有更多的优势和机会。但是要真正做到"后来者居上"并不是那么容易的，也需要一定的策略和方法，可以采取以下几项措施：

一是要保证自己的产品优于先入者。如果市场先机已经被人占领，再推出和前者一样的产品是明显没有竞争优势的，那么这时就要收集产品调整和改进的方案与意见。只要让自己的产品优于先入者，凸显自己产品的优势，才能吸引消费者的注意力和购买力。

二是在定价上要低于先入者。市场的低价很重要，如果你的价格没有竞争力，也会被市场和消费者淘汰。所以，后来者一定要先放低姿态，把价格定得低于先入者，这样才能打破先入者的优势地位，让自己的产品进入市场竞争。

三是要抓住竞争者的弱点。后来者要能够看准竞争者的弱势，在经营当中有效地进行竞争。后来者进入市场，可以更容易地获得竞争者的相关信息和资料。但是在这些信息当中，一定要分辨出哪些是最有用的，看准对方的弱势进行有效的竞争，否则就不可能在市场上崭露头角。

总之，在市场激烈的竞争中，没有"先"与"后"的区别，而只有"胜"与"败"之分。不要过于在意进入市场的先后，而应该更多地考虑什么时间进入市场更有利。只要经营得当、策略正确，那么做到"后来者居上"就是水到渠成的事情。

做大企业的追随者

很多中小企业喜欢挑战一些大企业。当挑战者不但需要勇气，而且更需要实力，因为市场挑战的策略可能会引起激烈的市场竞争，引起行业老大的报复，往往行业老大所占据的资源更加富有持续的战斗力。因此，除非挑战者真的具有足够的实力，以创新的产品策略或者营销渠道的突破去挑战，否则，最好是追随领先者而非攻击领先者。

市场追随者的营销战略的一个重要特征是追随领导企业的经营行为，提供类似的产品或者是服务于购买者，从而分得一杯羹，然后再图发展的一种战略。

美国的佛雷化妆品在 1950 年的时候，实力就已经非常雄厚了，被称为化妆品市场的霸主。尽管有许多同类厂家与之竞争，却都无法动摇其霸主地位。佛雷化妆

品几乎独占了整个黑人化妆品市场。

在其公司里有一名叫查理·史密克的推销员，他想自立门户，便邀集了三个伙伴经营黑人化妆品。但是，他的同伴并不像他那样信心十足，并且他的三个伙伴对此事有些疑虑。

同伴问他："咱们一共有多少资金?"

查理·史密克说："600美元。"

同伴又问："咱们有多少职工?"

查理·史密克说："就我们四个人。"

同伴不解地说："连许多大厂都不是他的对手，并从竞争中败下阵来。我们一个小公司怎么可能有立足之地呢?"

"机会总是有的，"查理·史密克说，"我们并不想一下子发大财，只要能从佛雷公司分得一杯羹就能受用不尽！所以在某种程度上，佛雷公司越发达越对我们有利！"

对于查理·史密克此话的含意伙伴们一时尚不能理解，不过他们认为他是个有经验的业务员，在推销产品方面有一套办法。因此他们很快成立了一家小公司。

不久，他们的化妆品生产出来了，查理·史密克就在广告宣传中用了经过深思熟虑的一句话："黑人兄弟姐妹！当你用过佛雷公司的产品化妆之后，再擦上一次查理·史密克的粉质膏将会收到意想不到的效果！"这则广告用语确有其奇特之处，它不像一般的广告那样，一味地贬低别人的产品，从中抬高自己的产品，它是貌

似推崇佛雷的化妆品，其实是在推销查理·史密克的产品。

面对查理·史密克做出这样的广告，他的同伴极为不满。他们指责查理·史密克："佛雷公司的名气够大了，你怎么还帮他们吹捧呢？"

对于同伴的不理解，查理·史密克并没生气，而是笑着说："之所以做这样的广告，正是因为他们的名气大。"并且他还打了一个有趣的比喻："查理·史密克这个名字名不见经传，谁会晓得？倘若将我的名字和美国总统排在一起，查理·史密克肯定会家喻户晓，而且能让人大吃一惊！"

原来如此，伙伴们这才明白了查理·史密克的意图：通过广告将自己的化妆品同佛雷公司的畅销化妆品捆绑在一起，是借着名牌产品替自己的新产品开拓市场。

查理·史密克粉质膏自然而然地被消费者接受了，接着这家小公司进一步扩大业务，经过几年努力生产出了一系列新产品，黑人化妆品市场的新霸主便诞生了。

在中国大地上，也有一个追随战略的典型的例子，一直被奉为经典传诵。

蒙牛与伊利，两家奶业巨头同处呼和浩特，尽管蒙牛的诞生比伊利晚 10 多年，但蒙牛还是在短短的 4 年内奇迹般地长大了，并被商界誉为"成长冠军"，站到了

中小企业营销指南

可以与伊利相提并论的位置。

当蒙牛羽翼未丰的时候，它暂时收起了自己的野心，在品牌上甘当老二，依附于伊利，借势于伊利。蒙牛通过"甘当内蒙古第二品牌"的品牌宣传和"中国乳都"等概念的推出，巧妙地将自己的品牌与国内乳业的老大捆绑在一起。

内蒙古乳业第二品牌的创意是这样诞生的：内蒙古乳业第一品牌是伊利，世人皆知。可是，内蒙古乳业第二品牌是谁？没人知道。如果蒙牛一出世就提出"创第二品牌"，这就等于把所有其他竞争对手都甩到了后边，一起步就把自己塞到了第二名的位置。这个创意加上蒙牛的实力，使蒙牛一下子就站到了巨人的肩膀上。

蒙牛在宣传上一开始就与伊利联系在一起，他们的第一块广告牌子上写的是"做内蒙古第二品牌"；在冰激凌的包装上他们打出了"为民族工业争气，向伊利学习"的字样。把蒙牛与伊利紧紧地捆绑在了一起，既借助伊利之名，提高了蒙牛品牌的档次和知名度，使双方利益具备了一定的共同点，又使伊利这个行业老大投鼠忌器，避免了其可能的报复性市场手段，因为此时伊利任何报复性的市场手段都可能造成一荣俱荣，一损俱损的局面。

蒙牛开始以"追随者"的模糊面目进入市场，进入老大忽略的低端市场，发展同类产品中的低端产品，但实际这可以看做是迂回进攻的手段；经过一段时期之后，在产品、价格、市场、传播等全方位上，蒙牛开始

中小企业营销指南

了正面进攻。

1999年，实现销售收入4365万元，居全国同行业第119位；

2000年，蒙牛实现销售收入2.94亿元，是1999年的6.7倍，销售额居全国同业排名第11位；

2001年，蒙牛实现销售收入8.5亿元，是2000年的3倍，销售额居全国同业排名第5位；

2002年，蒙牛实现销售收入20亿元，销售额居全国同业排名第4位；

2003年，蒙牛已成为不仅包括利乐枕，还包括利乐包的液态奶全球产销量第一的品牌，其产品在国内许多城市已坐上领头羊位置。

蒙牛终于迎来了"牛气冲天"的那一天。

蒙牛的高明之处是巧妙处理与行业领导者——伊利的关系。蒙牛老总牛根生认识到在蒙牛羽翼未丰之时是不能与行业领导者进行正面攻击的，需要厚积薄发，采用"甘当老二"的策略在思想上麻痹伊利，尽可能减少伊利的敌视、抵制。犹如三国之时的刘备，屈身曹操之处，故作无志种菜、闻雷而掉箸，才能麻痹曹操，韬光养晦，后终于"三分天下"得其一。

追随市场优胜者，不是甘居人下的表现，而是在实力和能力都没有达到一定水平之时所选择的喘息策略。追随能够在领先者创造市场的基础上，省去许多环节和费用，是积蓄实力、调整状态的好方法。但是一旦时机成熟，追随者就会变成挑战者，向领先者发起攻势。

暂时当不了第一，但可以追随第一。

低价位会有大市场

一般的消费者都追求物美价廉，若企业在产品品质过关的情况下实施低价位策略，则有利于掌握市场控制权，增加企业产品的销售量和销售额，一般人对于买便宜货都感到非常兴奋，觉得自己比别人要聪明。

"低价位，大市场"营销策略的本质在于采取比竞争对手同类产品更低的价格来销售产品，以此获得竞争优势，提高自己的市场占有率。其关键点在于薄利必须多销。这就要求企业产品的价格弹性要比较大。就是说，当产品价格一高，购买的人就会少，而价格一低购买的人就会很多，那么就能以销售量来取胜。

"低价位，大市场"的营销策略有两方面的优势。

一是提高企业的总利润水准。从单一产品利润率来看，可能会有所降低，但由于"低价位"扩大了产品的销售量，所以企业的总利润水准反而有可能大幅度的提高。

二是利于企业掌握市场的主动权。即使单一产品的利润率为负，但是由于企业的市场占有率提高了，将竞争对手给挤出了市场，从长远看有利于企业掌握市场的主导权。

当然，实施"低价位，大市场"营销策略，除了产品是针对一般消费者之外，企业本身还必须具备以下两个条件之一：要么产品成本比竞争对手低或者采取措施大幅度降低成本以取得相对于竞争对手的市场优势；要么以低价位来排挤竞争对手的企业，但必须具备雄厚的资金实力。

对于规模经济效益显著的行业，企业必须扩大产销规模，提高市场占有率，以取得规模经济效益。因此，只有拥有雄厚的资金做后盾，"低价位，大市场"策略才是可行的。

比如，百事可乐公司就运用"低价位，大市场"营销策略，取得过很好的效果。

20世纪30年代世界资本主义国家出现经济萧条，美国也难逃厄运，百事可乐乘机向竞争对手发起猛攻，将当时最高价为10美分的百事可乐降价一半，也就是说花5美分就可买到一瓶12盎司的百事可乐，而去买可口可乐只能买到6.5盎司。

百事可乐对此大做广告，根据一首古老的英国打猎歌进行了重新填词："百事可乐真可爱，分量12盎司，实实在在，花上五美分就能买一瓶，百事可乐对您竭诚相待。"结果百事可乐大获成功，市场销售额大幅度上升。

因此，低价位战略如果实施得好，是能给一个企业带来销量和市场的。

2003年，北美版新雅阁轿车的上市终结了中国中档轿车市场相安无事、高价销售的默契，它的定价几乎给当年所有国产新车的定价建立了新标准，使我国车市的价格也呈现出整体下挫的趋势。随之而来的是持续至今的价格不断下跌与市场持续井喷。

　　2003年，广州本田借推出换代车型之机，全面升级车辆配置，同时大幅压低价格。2003年1月，广州本田新雅阁下线。在下线仪式上，广州本田公布新雅阁的定价，并且宣布2003年广州本田将不降价。其全新公布的价格体系让整个汽车界为之震动：排量为2.4升的新雅阁轿车售价仅为25.98万元（含运费）。而在此前，供不应求的排量为2.3升老款雅阁轿车的售价也要29.8万元，还不包含运费。这意味着广州本田实际上把新雅阁的价格压低了4万多元，而且新雅阁的发动机、变速箱和车身等都经过全新设计，整车操作性、舒适性、安全性等方面都有所提高。

　　新雅阁价格下调4万元，而排量、功率、科技含量均有增加。性价比提升应在5万元左右。算上新雅阁的内饰、发动机和底盘等新技术升级的价值，差价估计在6万元。旧雅阁2.0的售价为26.25万元，比新雅阁也高两三千元。广州本田此次新雅阁的低价格是在旧雅阁依然十分畅销的前提下做出的。尽管事先业内已经预期广州本田新雅阁定价将大幅降低，但新雅阁的定价还是引起了"地震"。

　　新雅阁的定价影响了整个中高档轿车市场的价位，广州本田的这种定价策略一直贯穿到之后下线的飞度车型的营销之中，广州本田车型的价格体系也因此成为整个国内汽车行业价格体系的标杆，促使国产中高档轿车价格向"价值"回归，推动了我国轿车价格逐渐向国际市场看齐。广州本田生产的几款车型几年来在市场上也一直是供不应求，2003年广州本田更以11.7万辆的销售业绩使销售增长率超过100%，成为增幅最大的轿车生产商。

　　由广州本田新雅阁的定价策略不难看出：一个合适的价格体

系对产品的销售能产生巨大的推力。

但是，施展价格营销策略，一定要避开以下几个误区：

一是片面夸大价格在营销中的作用。不少企业认为价格低廉的商品一定销售好。因此，面对激烈的市场竞争不是千方百计地提高企业的技术水准，讲究促销策略，而是只把市场竞争的着力点放在价格竞争上，一味地打价格牌。事实证明，一个企业若没有适合市场的产品及良好的整体营销策划，单一的价格策略是难以使企业达到市场营销的目标的。

二是无限度的削价竞销。过分的削价竞销给商家和消费者都会造成损害。不少被迫参与降价竞销的中小企业只得降低产品和服务品质以降低成本，往往直接损害消费者权益。有些行业因无限度降价竞销，企业不但无法扩大再生产，而且连生存都面临严峻的考验。

三是定价过高，以价论质。某些高级、优质的新产品，当市场需求强劲时，可以采取适当的"高价策略"，以增加收益。一些商家往往在新产品上市时，对消费者的接受能力和支付能力认识不足，定价过高，结果往往销售量不足，导致企业亏损。这里存在两种状况：一是价高并不完全意味着品质高，如消费者尝试你的新产品感到品质与价格不成正比后，就不会再度购买；二是即使产品品质好，还必须了解目标市场的需求量和消费力。

中小企业要懂得科学实施低价位策略，通过薄利从而达到促进销量、占据市场的目的。

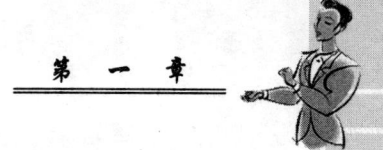

小商品会有大成就

一些小的特殊细分市场往往被大企业忽略或无暇顾及，而对资金和技术力量都十分有限的中小企业来说，却可能是进入赚钱的好机会。

很多不为大企业注意的小产品，如人们日常生活需要的小五金、小电器、小百货等往往蕴藏着巨大商机。

露露集团是中国最大的 10 家饮料企业之一，以生产"露露"品牌系列天然饮料为主的现代化企业集团。露露集团就是以"露露"饮料为开发重点，由小做大，进而实施名牌战略，从而发展成为企业集团的。

露露集团早就意识到作为中小企业不应盲目在高档次产品上搞名牌战略，可以着眼于小产品、低档产品。在这些产品上只要能充分体现出企业特色，能集中表现出产品某方面的优点，依旧可以实现名牌效应。

露露集团着眼于小产品，选定一个目标市场，以露露饮料为重点搞好产品开发，走出了一条属于他们自己的品牌之路。

中小企业由于实力有限，在市场开发中不能搞处处开花，应当结合产品定位，集中企业的资源重点开发一个目标市场。

日本尼西奇股份公司原来是一个经营橡胶制品的小厂，由于订货不足，已濒临破产的边缘，然而，小小的尿布却使它起死回生，并与松下电器、丰田汽车等世界名牌产品一样著名。

如今，尼西奇的年销售额为70亿日元，该公司的产品不仅占领了国内市场，而且行销世界70多个国家和地区。它的财商理念是"只要市场需要，小商品同样能做成大生意"。

事实上，与松下电器、丰田汽车相比，小小的尿垫并不起眼，然而，这种小商品居然能做成大生意，确实是令人吃惊的事情。但不管人们相信与否，日本尼西奇股份公司就是靠着尿垫、尿布发展起来的，并获得世界"尿布大王"的称誉。

尼西奇股份公司创建于20世纪40年代末，开始时仅是个生产雨衣、防雨斗篷、游泳帽、卫生带、尿布等橡胶制品的综合性小企业，只有30多个员工。而且经营不稳，随时都有破产的危险。一次，他们从日本政府发表的人口普查资料中得到启发，日本每年大约有250万个婴儿出生。他们由此想到，婴儿出生，尿布是不可缺少的，如果每个婴儿用两条，全国一年就需要500万条，这是一个多么广阔的市场！

像尿布这样的小商品，大企业根本不屑一顾，而小企业的人力、物力和技术尽管有限，但如果能独辟蹊径，必定能有所作为。商品不在于大小，只要市场上需要，同样能成为畅销货，做成大生意。基于这样的考虑，尼西奇公司当即做出决策：专门生产小孩尿布。

就这样，经过几十年的努力，尼西奇公司依靠自己

独特的销售方式和不断创新的精神，终于使小小的尿布成为与丰田汽车、东芝彩电、夏普音响一样有名的商品。在日本婴儿所使用的尿布中，每三条中有两条是尼西奇公司所生产的，这使该公司成为名副其实的"尿布大王"。

赚钱不在于产品的大小，而在于是否有市场，是否能满足人们的需要。不要以产品小而不为，不要以利润少而不作，实际上，小产品也能做出大生意，运营策略才是最重要的。

中小企业因为实力限制，可以在一些小商品上做大文章。

市场营销要系统运作

做市场营销，要懂得系统运作，只有充分利用一切有利资源，才能发挥市场营销的综合优势，产生最大效应。

上海举办完 Fl（一级方程式世界锦标赛）汽车大奖赛后，很长一段时间都余热未消，除了那些飞驰的赛车及赛车手的名字，人们当然还记得那些花大价钱当赞助商的大品牌。

西门子无绳电话作为 Fl 全球合作伙伴及麦克拉伦车队的主要赞助商，搭上了 Fl 上海大奖赛的顺风车。当然，西门子无绳电话为了能在昂贵的 Fl 游戏中脱颖而出，它在产品设计上做文章，西门子全球限量版数字无

绳电话在设计上力求体现 F1 的运动精神，别具匠心地把 F1 赛车形象灌输在设计理念里：极速红外壳，宣泄澎湃激情；中间的流光溢彩则是赛车手在高速飞驰时所见景象的赛道、赛车、标志线交织成一幅真实的画面。让使用者恍若亲临其境，纵情挥洒极限魅力。

西门子无绳电话除了在产品设计上下足了工夫之外，还在销售广告中玩起了全球限量销售和明星签名的噱头。西门子公司花大价钱请出了车手莱科宁在 F1 版电话上签名，并选择在互动行销的淘宝网上限量拍卖由赛车手签名的无绳电话。

F1 上海大奖赛结束当天，有赛车明星签名的 F1 特别版西门子无绳电话在淘宝网上进行拍卖，这款原价 800 元的无绳电话涨到了 8 800 元的天价。这就使西门子借助上海 F1 大奖赛成为最大的赢家。

西门子无绳电话延续了与 F1 的合作成果，以 F1 版电话融入 F1 精神，力图折射出西门子形象，还搞了网上拍卖和所谓的全球限量销售，可谓噱头恰当，声势浩大，配合严密，淋漓尽致。

借着 F1 汽车大奖赛，各品牌赞助商使出各种绝招，大肆宣传，结果一个个都赚得盆满钵满。

市场营销只有全面运作，才能达到最大效果。

传统的高价位酒大家都知道是茅台、五粮液等，而水井坊酒却成为高价位酒的新贵。如果从酒窖的考古历史角度考究酒的历史，水井坊是中国白酒第一坊。不仅是中国现存的最古老酿酒作坊，而且是中国浓香型白酒酿造工艺的源头，集中体现了酒醇香隽永的特色，也代表了中国古代白酒酿造的最高水平。科研人员在水井坊窖泥中分离到独特的水井坊菌群，技术含量极高，保证了水井坊酒的良好品质。这些菌群决定水井坊酒所特有的风味，酒体丰满，入口甘美，幽雅怡人，也使得水井坊酒具备了不可模仿的特异性。正因为水井坊有这些独特的历史和技术优势，才使其能够进入高端酒产品的可能性增大。

四川全兴酒业集团公司为了把水井坊这个品牌推广，他们通过市场调查及水井坊的历史文化进行分析，提出了全方位营销的方式。

在文化方面，全兴酒业集团公司为配合水井坊的考古背影，其标志采用现代方法表现中国传统文化，外形为六角井台形，远看像一个荡漾在水面上的篆书"水"字，近看像两片银杏叶组成的正六边形，玻璃瓶底的形状与标志相呼应。该标志设计源自考古中发现的井台造型，图案阴阳对比、动静相生、内涵丰富、变化无穷，酷似戏剧脸谱，寓含"水井坊"来自佳酿之乡的天府之国。水井坊酒广告的联想象征是雄狮，电视广告中主要以故宫门前的石狮、银行门前的石狮及卢沟桥上的石狮为象征物，分别代表文化、成功和历史。

在包装上，突现的专用标志"中国白酒第一坊——水井坊"，为水井坊酒注入了独一无二的内涵，还塑造出了水井坊酒高档第一的形象。

在销售渠道方面，水井坊起初只在广东沿海和东南亚销售，所以电视广告片选择在香港亚洲电视台黄金时段高密度投放，也是针对广东及东南亚市场上短期见效的传播效果。

中小企业营销指南

全兴酒业集团高层说：水井坊价位主要由品牌、品质、包装、产量和技术含量五个方面构成。也正是通过这个全方位的营销策略，在短时期能成功地把水井坊这个品牌推广到整个中国及东南亚市场。

全兴酒业集团从酒的包装、价格、渠道、广告等，多方面对水井坊酒这一产品进行了策划，着重突出水井坊酒的历史感与文化感，塑造水井坊酒高档第一的形象。

市场营销是个系统工程，只有全方位的配合，才能达到最好的营销效果。

第二章 抓住根本 质量先行

要做到产品物美价廉

每个中小企业都要尽自己的最大的努力，让自己生产出的产品做到物美价廉。

许多人认为技术是核心竞争力，但有技术的企业不一定能成功。事实上，最先发动价格战的总是那些具有成本领先优势的企业。在企业普遍缺乏核心技术与创新能力，产品同质化程度较高，价格竞争成为普遍手段的情况下，成本领先战略在赢得竞争优势方面效果是明显的。

神舟电脑是目前国内唯一具备电脑主板和显卡两项自主研发能力的整机制造商。电脑整机包括光驱、软驱、硬盘、内存、CPU、显卡、主板 7 大核心部件，国内多数电脑厂商的 7 大部件全部依赖进口，而神舟电脑所采用的奔驰主板和小影霸显卡，一直都是其自主研发制造并在电脑配件市场占有率名列前茅的品牌，其自主研发带来的是整体制造，可使其成本比起国内其他厂家低两成左右。显然在这些竞争对手面前，神舟电脑已经显示出其价格上的优势。

其实神舟电脑的低价格优势也是来之不易的，归纳起来，主要是三大因素共同作用的结果。

一是得益于上游产业链。神舟电脑的母公司新天下集团本身是DIY市场的龙头老大，具备研发和生产主板与显卡的能力，而正是由于在这两个重要部件方面采用的是自己的东西，所以神舟电脑才可以在此节约大量成本。

二是私营企业的精打细算。私营企业的性质决定了神舟电脑在每个可能的地方都"很用心地控制成本"。据悉，在库存管理上，神舟从买任何一个零配件到下线，最多只需要两周的时间，一般只有一周。据不完全统计，神舟电脑靠这些方面费用的节省，为它带来5％～10％的成本下降。

三是渠道的扁平化。所谓"扁平化"渠道，就是神舟电脑在北京、上海、广州、南京等9个大城市设立了子公司，以及遍布全国的近千家专卖店，一台神舟电脑从生产线下线到消费者手中，只经过一个中间环节。所带来的结果是产品的价格能够反映出合理的利润，而不是经过一级一级经销商的"分羹"，导致消费者手中的产品价格层层增高。

神舟电脑在其快速发展的进程中，低价格便成为了其最大的卖点。神舟电脑之所以价格低廉，是因为从研发开始，到采购、生产、销售和售后服务等所有环节的成本控制都做到足够好，才形成了总成本领先的核心竞争力。

与神舟电脑一样，掀起了震惊业界的"国美风暴"的国美集团，其立业之本也是薄利多销的低价策略。

1987 年，国美初次进入电器零售业时，并没有像当时众多的商家一样倒卖抬高售价获取暴利，而是决心做长久生意，采用了与其他商家截然不同的销售策略——以市场上最低的价格将商品卖给消费者。低价优势立即吸引了大量顾客，生意顿时"火得不行"，所有存货一卖而光。

此后，为了保持自身的低价优势，国美采用了一种可以极大节约成本的供销模式：摆脱中间商，直接从厂家进货。这种挤掉"中间利润"的合作，使国美具有了不可抗拒的低价优势，销量直线攀升。销量的攀升形成了采购上的规模优势，这让国美有了更多和厂家"讨价还价"的砝码，价格自然压得更低，而价格低了销量也大了。在这种"低价——规模——更低价"的循环基础上，国美大肆"攻城略地"，以追求更大的规模和更明显的低价。

其实，价格竞争的实质就是成本领先战略，成本最低的企业在市场运作中具有较大的市场空间；如果在价格上与竞争对手相同或相近，则可以取得更大的利润率；如果追求与竞争者相同或相近的利润，则可以将价格定得更低，通过低价策略渗透市场，赢得更高市场份额，并对竞争对手构筑起成本性进入堡垒。

生产、营销物美价廉的产品，应该是中小企业追求的目标。

质量是产品的生命

海尔有句格言："质量是产品的生命，信誉是企业的灵魂，产品合格不是标准，用户满意才是目的。"海尔人知道，只有企

业给市场提供了最满意的产品和服务，市场才会给企业回报最好的效益。

请看张瑞敏当年挥锤砸冰箱的故事。

事件发生在 1985 年，一位购买了海尔冰箱的用户亲笔给张瑞敏来信反映他购买的那台冰箱存在致命的缺陷。张瑞敏的职业敏感性觉得这不是一件偶然事件，肯定是批量生产中带有普遍性的问题。

张瑞敏召集质量检查部门的中高层经理们突击检查冰箱储备仓库，果然发现库存中还有 76 台冰箱不合格。当时公司管理层立即召开会议研究如何处理这些不合格的产品，大多数经理们有两种意见：一是作为福利品处理给本厂有贡献的员工；二是作为礼品送给关系单位。可是张瑞敏却做出了一个决定：砸！把 76 台不合格的冰箱全部砸掉。张瑞敏在召开的全厂员工现场会上，当场确认了每台冰箱的生产人员之后，拿出一把大锤。张瑞敏砸下第一锤，然后是总工程师砸第二锤，随后由责任者亲自抡锤将冰箱砸碎。张瑞敏和当时任总工程师的杨绵绵承担了责任，扣罚了自己当月的工资。

这一砸，砸出了员工的质量意识。海尔后来的许多理念比如"零缺陷"等，正是从这时开始树立起来的。正是从那时起，张瑞敏提出了追求卓越的理念："要么不干，要干就争第一。"

如果让有缺陷的产品出厂，这个产品就不会有生命力，以后也永远无法成为名牌。正是张瑞敏的挥锤一砸，才使得海尔成为唯一入选"世界最具影响力的 100 个品牌"中的中国品牌。海尔品牌战略的核心思想就是要干最好的，争最优、创最佳、追求卓越。海尔这个品牌并不是靠铺天盖地的广告吹出来的，而是凭借高科技，以质量取胜创出来的。

在目前国内市场冰箱大战、空调大战、彩电大战愈演愈烈的情况下，许多厂商都采取了降价销售、买一送一清仓大甩卖、特价销售等促销手段。作为家电企业的老大，海尔似乎总是远离降价，其所有产品都始终如一地保持着较高的价格。

"双动力"洗衣机刚推出市场之际，其 2 780 元的市场价格也比其他洗衣机产品普遍高出 300～500 元。但它的市场占有率却始终排在前三名，大多数产品在高端市场牢牢占据着老大的位置。海尔空调一直坚持高附加值的产品定价策略，在空调行业利润普遍大幅下滑的今日，海尔空调的平均单价仍在 3 000 元左右，而众多的二三线产品平均单价在 1 500～2 500 元之间徘徊；海尔只要稍微调低价格，消费者就争相采购，而其他品牌即使大幅降价，消费者也少有关注。

海尔空调的价格策略从来都是依附于企业品牌形象和尽善尽美的服务之上的，这种价格策略赢得了消费者的心，也赢得了同行的尊重与敬佩，更赢得了市场！

海尔在其产品质量、服务水平上表现出与其他产品的差异，海尔的独到之处正是企业赢得竞争优势的关键。

品牌不是喊出来的，而是打造出来的，打造品牌就要在各个方面做到尽善尽美。同样，质量不是吹出来的，而是用真心、善心和诚心铸就出来的。

中小企业营销指南

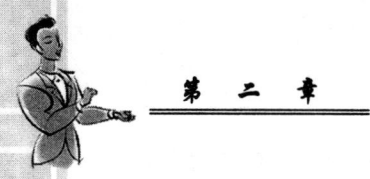

中小企业要做到"人有我好"

经营者要开发出自己独有的产品，这当然是一个重要的制胜法宝。但是，开发新产品难度非常之大，投入也很多，这不是人人皆可为之事。对于中小企业来说，做到这一点就更难了。那么，不能走自己开发新产品之路的经营者是否真的山穷水尽无路可走了？答案是否定的。世上经营之路很多，其中"人有我好"就是一条行之有效的成功之路。

改良现有产品，做到"人有我好"，保持相对优势，同样能达到出奇制胜的效果。

电风扇问世有几十年了，在 20 世纪 50 年代，日本东芝电气公司当时在电风扇生产方面刚起步，要是与别人一样生产公共场合所用的同类的电风扇，竞争力必然不强。据此，该公司把又笨又重的吊扇进行了改革，把它改成又小又轻的台扇，这样以其灵巧轻便、容易移动的优势进入了千家万户，所以产品一经上市就十分畅销，一个夏季就售出几十万台。

速食面是美国率先开发的食品，但日本的日清食品公司却改进了该产品，使之"人有我好"，不但在日本市场大行其道，还畅销世界各地，而且迅速攻占了美国市场。日清食品公司怎么使已经流行的"速食面"变得比别的竞争者更好呢？说来亦非常简单，原来美国和其他国家或地区售出的"速食面"均是用塑料袋包装，无论这种包装怎么美好，但食用时都要找来碗筷才可以。

日清食品公司针对这种不足之处，把塑料袋包装改为纸碗包装，每个包装都随带有一个塑料匙和叉子，食用时只要泡进开水或温水，不需再找碗筷就可以了。这样的"人有我好"的包装一经上市，大受消费者欢迎。几年间，日清食品公司的"纸碗速食面"年销售额迅速增长到3亿多美元，其中美国市场年销额达4 000多万美元。

日本工业在战后之所以能迅速发展，普遍认为是靠"人有我好"的办法起步的。如曾以称霸世界市场300多年的瑞士手表为参照目标进行研究改进，从而形成了"精工"、"西铁城"等世界名牌日本手表。又如以德国的照相机、荷兰的收录机、美国的汽车为参照目标，进行精心模仿和改进，从而形成了"人有我好"的日本佳能照相机、索尼收录机、丰田汽车等。台湾、香港、新加坡、韩国等发展工业和商品生产也走过这样的路，同样也取得了成功。

美国可口可乐饮料之所以百年兴旺，其中与其因采用了别致的包装瓶罐而胜人一筹是有一定关系的。

1923年，美国一位名叫鲁托的年轻人（他是一位玻璃制瓶厂工人）在一次与女友约会时发现她穿着一套膝盖以上部分较窄，腰部显得很有吸引力的裙子。这次约会他的注意力一直注意着女友的裙子，他想：这条裙子线条非常优美，要是做成一种形态与裙子相似的瓶子，可能很有意思。之后，他开始不断地试制，并把瓶子加上裙子那种扭曲条纹。果然，这种新设计的玻璃瓶形状很别致，并具备了好握不会有滑落感觉和里面所装的液

体看起来比实际的分量多的特点。这个瓶子由于款式新颖独特，被可口可乐公司看中了，以当时600万美元巨额（现在值1亿美元以上）买下这个专利并用作销售包装瓶。且不说鲁托为一时灵感设计出这个瓶子而发了财，可口可乐公司因采用了这种新包装，使其销量大增，长盛不衰，赚的钱远比鲁托更多了。随着时间的推移和竞争的激烈，可口可乐公司再出新招，又推出"易拉罐"包装，再一次使自己的竞争优势增强。可口可乐年销售100多亿美元，就因有诸如此类的"人有我好"的经营手法所致。

从模仿到改进，再到"人有我好"，已成为很多企业走上成功发展之路的规律。众所周知，任何科学技术成果，都有其充实、提高和发展的过程，一种新产品的开发亦有不断改进和提高的过程。

正如牛顿所说："成功靠的是站在巨人的肩上"。很多中小企业正是善于把握这种规律，对市场上既有的产品进行再创造再延伸，为自己赢得胜机。

中小企业要重视自己的信誉

信誉度是优秀企业销售业绩的可靠保障，当一个企业拥有良好的信誉度时，它可能会使人们几乎完全相信关于它的品牌的任何事情。

在日常生活中，人们经常会看到这样的情景：有很多人宁愿在一家拥挤的餐馆外排着长队等一张桌子，而不愿意在一家空空的餐馆里就餐。这就是信誉在发挥作用。

在当今市场竞争中，成功的品牌总是和良好的信誉相联系的，很难想象消费者会去支持一个信誉不好的品牌。同样，对于那些已经在消费者心目中建立良好信誉的品牌，消费者从来不会去怀疑其质量问题。没有人在购买可口可乐的时候会认为它当中含有有害的激素成分，也没有人在购买柯达胶卷的时候会怀疑能不能拍出质量优良或充分曝光的照片。人们对名牌产品向来非常放心，这就是品牌信誉度的优势和作用。

宝丽来公司是世界最大的生产立拍成像设备的企业，它在快速成像领域获得了成功，成为该领域的领先者。但是当宝丽来公司开发 35 毫米胶片时却受到了市场的冷遇，虽然它的产品品质自认为无懈可击，但是当它拿到市场上去和柯达、乐凯等知名品牌竞争的时候，却是 败涂地。

究其原因，是因为它的产品缺乏品牌信誉度。柯达和乐凯在胶片领域经营了很多年，已经建立了充分的品牌信誉度。这两家公司让消费者相信它们就是这个领域最好的，而消费者经过使用也认可了它们的说法。所以，它们的品牌地位是无可动摇的。而宝丽来在消费者心目中只是生产立拍成像设备的公司，消费者对其生产的胶片质量没有信心，人们怀疑它是否有能力生产出与柯达一样优质的胶片。也正因为如此，消费者不愿意花钱去购买他们的 35 毫米胶片。

品牌的信誉度超过了其他的竞争对手，比说什么都管用，所

以，与其花大力气去进行宣传，不如先静下心来提高信誉。

现在，绝大多数企业都将目光紧紧盯在了报纸、杂志、广播、电视等大众传播媒体上。其实，做广告的形式可以非常灵活多样，而且生活中有许多做免费广告的机会，只要巧妙地把握，就能够提高知名度和美誉度。

凯瑟琳是美国的一个女企业家，她用了短短十几年的时间，就把一个家庭式的小面包店，变为完全现代化的企业，每年的营业额从两三万美元猛增到 400 万美元。她做生意的原则很简单，只有四个字：诚实无欺。为了防止经销商乱定价格，她在包装纸上面都标明了成本和利润，使消费者知道一个面包应花多少钱才不吃亏，这样一来，经销商想提高价格也就不可能了。

除了价格以外，凯瑟琳还用了一套独特的方法来保证面包的质量。凯瑟琳深知，为了在激烈的竞争中名列前茅，赢得人们信誉，自然要拿出过硬产品和优质的服务来，这是不言而喻的。凯瑟琳把产品的质量当成自己的生命一样，要求手下的员工人人把关，不能有一丝一毫的马虎，以免倒了牌子，给企业带来损失。她标榜在存的面包是"最新鲜的食品"，为了取信于消费者，她在包装上注明了烘制日期，决不卖超过两天的面包。她经常派人到她的商店里把超过三天的面包收回来。

最妙最成功的一次广告宣传，可以说既是偶然的，也是必然的。

有一年秋天，因为水灾，面包畅销，到处缺货，而凯瑟琳照样派人把超过三天的面包收回来。哪知车行半路，抢购的人一拥而上，把车子团团围住，一定要买过

期面包。但押车的运货员说啥也不肯卖,大家认为运货员态度僵硬,不近人情,纷纷指责,有人甚至骂他是傻瓜。

正在吵得不可开交之时,巧遇几名记者,探询发生了什么事。一听之下,觉得这个新闻太有趣了:一方面是急需面包果腹的顾客,另一方面是碍于公司的规定不卖过期的面包。

当时运货员哭丧着脸说:"不是我不肯卖,实在是老板规定太严了——如果有人明知面包过期还卖给顾客就一律开除。"

运货员的话固然使人同情,但对四周饥饿的人来说,眼前面包所产生的吸引力远非几句照章办事的话所能打消得了的。因此,记者代表群众提出抗议:"现在是非常时期,总不能让人看着满车的面包忍饥挨饿吧?"

运货员带着神秘的表情凑到记者跟前,在他耳边说:"我倒有一个办法。卖,我是说什么也不能卖;但强买,我就没有责任了。让他们把面包拿走,凭良心丢下几个钱表示一下,反正公司是不会可惜一车过期的面包的。"

话一经点穿,一车面包很快被强买光了。运货员脑筋特别灵,特意让记者拍了一个阻止群众拿面包的照片,以证明这件事不是他的责任。这件真实的事情,对凯瑟琳的面包公司来说也是一个广告,经记者一渲染,在各报报道后,凯瑟琳的面包给消费者留下了深刻印象,使公司的声誉骤然鹊起。

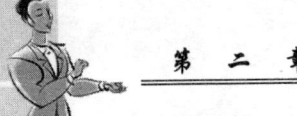

欲提高商品的知名度和美誉度不一定要"大吹大擂"地做广告，诚实无欺、保质保量就是最好的广告。因此对于企业来说，与其花大力气去做那些华而不实的广告，不如潜下心来扎扎实实研究自己的产品，提升自己的服务。当产品和服务都达到了一定的标准，获得了消费者的信赖，那么，产品的宣传就变得容易多了。

在现代商业竞争中，维护品牌的信誉度是企业获胜的法宝。

不要欺骗消费者

在营销中，信任能够拉近你和顾客的距离，让顾客毫无保留地接纳你。信任能够让你无需多少言语就使顾客无条件地接受你的产品。但是，我们必须要用相同的方式去回报顾客的信任，要时刻将最好的产品介绍给顾客，要时刻以顾客的利益为重，只有这样，才能保持信任天平的永远平衡。

在市场营销中，很多企业都有客户第一、服务第一的意识，他们全力为满足顾客的需求服务，将消费者看做是"尊贵的上帝"，但是在市场营销中还有一些人，他们自作聪明，认为消费者缺乏鉴别能力，就使用一些欺骗的手段生产、销售产品，把消费者看成是"傻瓜"，把精力全部放在如何获取利润上。

实践证明，那些本本分分、扎扎实实为消费者服务的企业，一定能够得到消费者的肯定并在市场上屹立不倒，而那些运用欺骗手段而妄图获取短期利益的企业，很快就遭到冷落和淘汰。

消费者并不是傻瓜，能够经得起消费者检验的企业，都是产品过硬、服务到位的企业。对于那些居心叵测的企业，消费者很快就会分辨出来。如果哪个企业或个人认为自己高明，能够瞒天过海，蒙骗消费者的眼睛，那么他就大错特错了。

　　1997 年春天的一天，美国亨利食品加工工业总公司董事长亨利·霍金士在当地一家电视台作了一则关于他们公司产品的演说。他说道："本公司以往的产品中由于加入了有毒防腐剂，对人体有害，奉劝顾客慎重使用。"霍金士还坦言，他是偶然从化验鉴定报告单上发现这种情况的，这种防腐剂具有一定的保鲜作用，但带有轻微的毒素，若是长期服用，会危害人们身体健康。最后他毅然宣布："本公司不再使用有毒的防腐添加剂！"

　　一石激起千层浪，一夜之间所有从事食品加工的老板纷纷联合起来，用一切手段向霍金士反扑，指责他别有用心，打击别人，抬高自己，并同经销商们一起抵制亨利公司的产品，使得亨利公司几乎倒闭。可是霍金士并不后悔他的所作所为，他认为作为经营者不能唯利是图，而应当站在消费者的立场上，设身处地地为顾客着想，主动披露产品中存在的问题，以诚为本，开诚相见，以心换心，在人们的心目中树立起诚实的形象，以换取消费者的信任，从而招揽顾客，赢得市场。

　　然而公道自在人心，在长达 4 年关乎存亡的争斗中，使亨利公司的名声家喻户晓，所生产的不加防腐剂的食品销路大畅，成了消费者放心的热门食品，群众的舆论也促使政府支持亨利公司，真诚的"家丑外扬"换来了热情的回报。亨利公司不仅恢复了元气，而且还把原有的规模扩大了两倍，发生了令同行们瞠目结舌的变化。

千万不要对顾客隐瞒任何事，不要把顾客看成傻瓜，而是要对他们坦诚。当你能够真诚面对客户的时候，客户就会接受你的产品。

任何商品都存在一些缺陷，这些缺陷对企业的推销存在着诸多不利的因素，于是，很多市场营销者或许会隐瞒，这样会导致更大的失败。其实，只要你准备充分，是可以化不利为有利的。

在英国，有一名叫威海的推销员。

有一次，威海承担了一项艰难的房产推销工作。这块房产所处位置交通便利，但因为紧邻一家木材加工厂，电锯的噪声使一般人难以忍受，因而客户都一一拒绝了他的推荐。

威海并没有因此而放弃这块房产，后来他又拜访了一位客户，并向客户说："这块房产处于交通便利地段，而且比起附近的房产价格便宜多了。当然，之所以便宜自有原因，就是因为紧邻一家木材加工厂，噪声较大。如果你能容忍噪声，那么它的交通和地理条件、价格标准均与你的希望非常符合，很适合你购买。"

两天后，他接到这位客户的电话说愿意购买他推荐的那套房子，并且对推销员说："上次你提到的噪声问

题，我还以为有多么严重，那天我去观察了一下，发现那种噪声的程度对我来说并不算问题，我以前住的地方重型卡车整天来来往往，而这里的噪声一天只有几个小时，而且卡车通过并不震动门窗。总之，我很满意，你这人真老实，换上别人或许会隐瞒这个缺点，光说好听的，你这么坦诚，反而使我很放心。"

所有的产品都没有十全十美的，如果产品缺陷十分明显，想用花言巧语蒙混过关是不可能的。因为顾客也不是傻子，千万不要把产品的缺陷当成一项秘密隐藏起来，这只会破坏你的形象，要让客户对你以及你的产品更加信任，放心大胆地购买你的产品，可以给客户介绍你的产品或服务中的缺陷。

任何把消费者当成傻瓜，向消费者隐瞒产品缺陷或者以次充好欺骗消费者的行为都是愚蠢的。这样不仅不可能骗过消费者的眼睛，而且会让你的信誉形象受损，导致消费者无法再相信你，那么你的事业也就走到尽头了。与其费尽心思去欺骗消费者，不如坦诚地向消费者说出实情，并且提出改进的意见和办法，这样才能让消费者感受到你的诚意，进而接受你的产品。

培养顾客的忠诚度

企业越忠诚顾客就越多，企业的效益与人气就越大。

对于任何一个产品来说，培养一批固定的购买者是相当重要

的，有很多的知名品牌，长期的忠诚的买主其中占很高的比率。

目前还没有一个统一标准的定义来描述客户忠诚度是什么，以及忠诚的客户究竟是谁。简单地讲，客户忠诚度可以说是客户与企业保持关系的紧密程度，以及客户抗拒竞争对手吸引的程度。

客户忠诚是从客户满意概念中引申出的概念，是指客户满意后而产生的对某种产品品牌或公司的信赖、维护和希望重复购买的一种心理倾向。客户满意是客户对企业或其产品与服务的一种态度，而客户忠诚则反映客户的行为。一般来说，忠诚的客户往往具有这样一些基本特征：周期性重复购买、同时使用多个产品和服务、向其他人推荐企业的产品、对于竞争对手的吸引视而不见。例如，牙膏市场和啤酒市场就是具有相当多的品牌忠诚者的市场。

沃尔玛是全球最大的零售商，它在短短的 40 多年之中，从一个十多平方米的小店铺，发展到覆盖全球 16 个国家的 7 800 家零售广场，成为全美乃至全世界最大的零售连锁企业，其发展之快速不能不说是一个奇迹。

那么，是什么让沃尔玛能够有如此快的发展速度和如此巨额的销售额，创造巨额的财富和利润呢？可以肯定地说，培养顾客的忠诚度是他们成功的重要秘诀之一。

在沃尔玛成立之初，其创始人山姆·沃尔顿就确立了"顾客第一"的经营理念。沃尔顿曾经说过："我们的老板只有一个，那就是我们的顾客，他支付给我们薪水，只有他有权解雇包括董事长在内的每一个人，道理很简单，只要他改变一下购物习惯，换到别家买东西就是了。"由此可以看出，如果让消费者保持忠诚度，将他的购物习惯始终锁定在自己的企业里，那么就是企业的成功。相信这是沃尔顿一直努力在争取的，也是沃尔玛获得如此高的回报率和如此快的发展速度的根本原因。

沃尔玛这种将顾客需要放在第一位，处处为顾客着想的态度，让顾客在沃尔玛购物感到轻松、愉快，培育起顾客和沃尔玛之间的情感联系，而低廉的价格和各种方便顾客的便利设施，更让顾客在消费后产生对沃尔玛的信任和好感。他们在购物一次之后，就对沃尔玛产生了良好的印象，并且做出了"下次我还要来"的决定。这样的顾客越来越多，最终形成了"购物就到沃尔玛"的理念和习惯，沃尔玛也必然赢得了顾客和市场，获得巨大的成功。

可见，对企业而言，提高客户忠诚度是非常重要的。那么，怎样才能提高客户的忠诚度呢？

一是识别企业的核心顾客。不少市场营销人员认为每一位顾客都是重要的顾客，甚至会花费大量时间、精力和经费，采取一系列补救性措施，留住使本企业无法赢利的顾客。而在顾客忠诚度较高的企业里，管理人员会集中精力，为核心顾客提供较高的消费价值。

二是发现顾客的真正需求。了解顾客的要求，这是培养顾客忠诚度的一个主要方面，忽略了它就会遇到不少麻烦。美国一家主要通信公司对自己的产品进行了重新设计，吸收了当今世界上最先进的技术，但消费者对此反应冷淡。此时，如果营销人员能征求顾客的意见，他们就会发现顾客的真正需求是加强售后服务，而不是增加产品的性能。发现顾客真正需求的过程就是对产品品质的评估和对顾客基本需求进行判断的过程，其努力应放在

解决基本需求问题上。满足了这些需求，企业就会成为顾客采购商品时的首选对象。

三是对顾客的需求和价值进行有效地评估。在充分理解顾客需求的基础上，把需求按其重要性进行先后排序，对影响顾客忠诚度的产品品质、创新、价格和企业形象等因素确定其相对重要性。这一过程可通过电话采访、信函询问或面对面交谈等方式进行，具体采取什么方式要根据情况而定。

调查成功与否在很大程度上取决于顾客对所提问题的态度。例如，某一大型石油公司的一个部门通过信函进行了一次调查，要求顾客对不同类型的产品和服务标准，按其重要性分为 10 个级别，级别越高问题就越严重。问卷收回后发现每项产品和服务都被列为 9 级或 10 级，这样的调查失去了意义。相反，另一个部门对顾客进行调查时，要求他们对每一个类型的产品进行比较，并决定哪个更重要，当然最后结果一目了然。

四是有效制订计划并付诸实践。顾客的呼声必须成为企业的营销目标，对此，企业的职能部门要相互协作，那些认为抓不住顾客就是公司的营销人员不称职的说法是片面的。事实上，在公司吸引和保留顾客的过程中，营销仅仅是其中的一个部门。即使是世界上最优秀的营销部门，对劣质产品和没有需求的产品的推销也无能为力。只有当公司所有的部门和职工互相合作、共同设计和执行一个有竞争力的顾客价值传递系统时，营销部门才能有效地工作。

培养顾客忠诚度是一项长期而稳定的工程，任何抱着侥幸心理的企业或者任何杀鸡取卵式的或者任何只顾短期利益的做法都无法赢得消费者的忠诚度。忠诚度的培养靠的是经营者持之以恒

中小企业营销指南

的服务，稳定可靠的品质以及时刻为顾客着想、以顾客为中心的理念。具备了这些要素，加上坚定地贯彻和实施，那么顾客就会回报你，他们的忠诚就会让企业在高手如林、竞争激烈的商场中占据鳌头，赢得胜利。

塑造和维护良好的企业形象

企业形象十分重要，它是企业在一般人群心目中的样子，形象不佳对厂商不利。如果企业不在乎自身形象，顾客也会不在乎企业。树立良好的企业形象，建立独特的品牌，将有助于企业推销产品和服务顾客。

美国帕杜农场是一家专门为社会提供各种农业副产品的大型企业，农场主法兰克把塑造和维护良好的形象，当作争取顾客的基本公关策略。他在经营中着眼点始终放在为顾客提供优质的产品和良好的服务上。

一位顾客在一家零售店买了一只帕杜农场生产的真空包装鸡肉，回家后发现这只鸡变质了，于是，他把这只鸡送回那家零售店。该店的服务员二话没说，立即给他退了钱。这位顾客还决定给法兰克写封信，把这件事告诉他。

没过几天，这位顾客就收到了法兰克的回信，信中一再向这位顾客表示歉意，并附有一张供应一只鸡的免费兑换券。最后，法兰克真诚地表示，希望这位顾客多多帮助，使该农场及附属零售商店，永远杜绝类似事情的发生。

自此以后，这位顾客除了帕杜农场的鸡，再也不买其他农场的鸡了。同时，他还把自己的经历写成一篇短文，在报纸上发表。这对提高帕杜农场的形象和知名度起了积极的作用，并无形中又为帕杜农场赢得了众多的消费者，从而使帕杜农场的产品一直保持较高的市场占有率。

帕杜农场是运用企业形象优势获得经营成功的典型。在帕杜农场主法兰克那里，重视企业形象与信誉，绝非是一种促进产品销售的手段，而是一种与农场命运攸关的企业公关基本策略，它体现在帕杜农场经营活动的各种细微之处。当帕杜农场的这种良好形象在顾客的心目中稳固地存在的时候，它便成为一种向心力，把帕杜农场和它的顾客永久地联系在一起。

现代企业的经营实践，以有力的事实证明，在一个富足的社会里，顾客已不太斤斤计较价格，产品的相似之处又多于不同之处，顾客是比较受企业形象影响的。因此，企业形象变得越来越比产品和价格更为重要。

良好的企业形象是企业经营过程中不可多得的无形的宝贵资源，它可以为企业带来意想不到的结果。很多中小企业知道企业形象的重要，但不知道怎样塑造和保持企业形象。具体来说，需要做到以下几个方面。

一、塑造良好的企业形象

企业形象的塑造决不是一朝一夕的事情，它需要企业公共关系部门长期的努力，需要有计划有步骤地积极稳定地展开企业公共关系活动，把企业各项具体的公共关系工作统一到塑造企业形象这个总目标上来，并持之以恒地坚持下去。

在这里需要注意的是，对于企业在长期的经营活动中证明是行之有效的有利于树立企业形象的各种方针政策、办法措施和具体做法，一定要坚持不懈地贯彻实施，帮助企业形成独特的经营作风，这是塑造和保持企业形象最重要的发展方向。

二、巧妙利用传播媒体

在大众传播时代，尤其是在信息化的社会中，大众传媒对人们的态度与行为具有直接的影响。某个媒体发表一篇不利于企业的报道，可能导致企业陷入困境；反之，某个媒体发表一篇有利于企业的报道，甚至可能使企业一举成功。

为了塑造企业形象，企业公关就要引导大众传媒传播有利于企业的各种报道和新闻，及时地捕捉各种有利时机，让顾客和公众认识企业，了解企业产品与服务，更重要的是使公众对企业产生信任感、依赖感。这不仅可以使企业获得永久性顾客，而且还可以把一些潜在顾客与其他竞争对手的顾客争取过来。

三、及早防止"形象危机"

塑造企业形象要注意防微杜渐，及时地防止"形象危机"因素的滋生。而一旦出现企业"形象危机"，就要采取一切手段尽早克服这种"形象危机"。

企业是社会的一个有机体，正像一个人一样，企业这个有机体也常会由于各种原因而产生一些"病症"，发生一些问题。然而不论出现何种问题，它都会给企业带来麻烦、阻力或危险，从而影响或破坏企业的形象，在公众中形成一种"形象危机"。

一旦企业发生"形象危机"，企业就应当采取积极有效的公关活动，把"形象危机"消灭在萌芽状态，重新获得公众的理解与支持。

中
小
企
业
营
销
指
南

四、适时改变企业形象

塑造企业形象要善于根据企业经营环境的变化适时地改变企业形象。改变企业形象是塑造企业形象的过程，任何一个企业的形象绝不是永恒不变的。

杜邦曾是名噪一时的军火大王，在第一次世界大战之中，依靠销售军火累积了巨额财富，同时也换来了"和平毁灭者"的称号。美国一家调查公司曾做过一次广泛的社会调查，结果发现，杜邦是美国人民最憎恶的名字之一。可是二十年后，杜邦公司进行了一次社会调查，有79.2%的人对杜邦公司表示好感，有9%的人表示漠不关心，可见，杜邦在人们心目中的形象已全然改观。

这与杜邦公司的公关活动——重新塑造杜邦形象是分不开的，杜邦家族让世人对他们缔造的世界最大的化学工业公司这一事实产生了好感。

总之，形象良好的公司通常比形象一般的公司业绩要好得多，所以，要塑造和维护良好的企业形象。

打造品牌营销品牌

如今，追逐品牌已成为消费者的购买本能，这条潜在的规律在人们生活的方方面面体现得淋漓尽致，从衣、食、住、行到教育、医疗、工作选择等都被品牌操纵着。人们对品牌的忠诚度无疑向产品或服务提供者发出强烈的信号，只有打造强势品牌才能

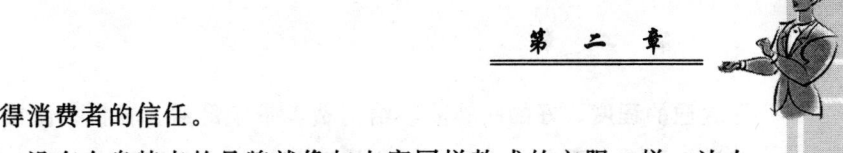

获得消费者的信任。

没有自身特点的品牌就像与人穿同样款式的衣服一样，让人觉得没有个性，没有魅力，更不会打动别人。一个好的品牌一定要有自己的特点，而且这个特点是独一无二的，是属于消费者想要的，是符合消费者的价值取向的。

随着社会商品生产总量的激增，商品短缺的现象已不复存在，即便是新产品也只能独领数日风骚，在利益的驱使下会有无数企业群起仿效，甚至创制出更新的产品。与此同时，由于人们生活水平的提高，物质文化消费已逐步由生存型向享受型转变，一般消费者已不满足于以往物美价廉的追求，而是转向对服务性消费和商品自身附加值的更高要求。于是，品牌消费日趋成为一种时尚，消费者购买商品的唯一选择就是品牌。

一块普通的手表只要几十元、几百元，而一块劳力士或雷达牌手表则可高达几千元甚至几万元。这几十倍几百倍的价格差异，仅仅是产品间的差距吗？当然不是。产品与产品之间的质量、材料、款式的确有差异，但这种物理差异不可能有几十倍几百倍之多，劳力士、雷达牌手表的价值主要在于品牌而不是产品。品牌不仅仅意味着产品的质量、性能或款式的优秀，而且心理消费才是真正的重点。就算同样的产品，贴不贴品牌标签，对消费者而言意义完全不一样。产品竞争与品牌竞争完全是两个不同层面的竞争，正如坐宝马汽车的人与坐夏利汽车的人是两个层面的人一样，品牌带给他的意义远远大过产品本身。

品牌是一个企业产品、理念、文化的综合体现，它是企业所要带给人们的产品和服务以及态度的整合。品牌的好坏决定了企业在消费者心目中的好坏，品牌是否受欢迎决定了企业在市场中

中小企业营销指南

受欢迎的程度。好的品牌能够给消费者带来舒适、轻松、愉悦的感觉，消费者愿意付出更高的价格购买好的产品和服务；而差的品牌则带给消费者不安和恐慌，令消费者无法接受。可见，品牌的树立决定着市场的建立，品牌的成功决定着产品和企业的成功。

品牌的价值是巨大的，可口可乐总裁伍德拉夫曾说："即使可口可乐公司在全球的工厂一夜之间化为灰烬，但凭借可口可乐这块牌子，就能在短期内很快地恢复原样。"伍德拉夫绝不是夸夸其谈，可口可乐的品牌价值高达千亿美元。

品牌的形成需要时间的沉淀和悉心的积累，品牌的创建需要拿出勇气和实力，因为面对纷繁复杂的有形品牌和无形品牌，面对有品牌产品和无品牌产品，如果没有勇气和实力同竞争对手较量，品牌是无法建立的，品牌的信赖、忠诚与延伸则更是无从谈起。

尽管杰克·丹尼尔威士忌酒早在1911年便在圣路易斯世界博览会中获得过金牌奖，而且拥有一些诸如总统、作家、影星等忠实的消费者，但当温顿·史密夫接手该厂的经营管理时，它已属于走下坡路了，而且它并不是真正意义上的名牌酒，因为它并不普及，知道这种酒好的人很少。

对杰克·丹尼尔威士忌酒的特色的喜爱和对其质量的信心，促使史密夫决心对这一现象加以改变。通过市场分析，史密夫意识到，杰克·丹尼尔威士忌酒不能普及并不在于独一无二的木炭渗漏使酒变醇的过程导致成本比普通酒增加一倍多因而价格也高，而是因为它的较高的酒精含量早已不能迎合人们口味趋淡的倾向。由此史密夫设想，如果杰克·丹尼尔威士忌酒降到较低的标准酒精度，再加上它的香醇味道的特色，便大有可能迎来消费者的偏爱。

为此，史密夫为公司制定了一套三管齐下的长期性策略：

第一，使杰克·丹尼尔威士忌酒成为公认的世界佳酿之一，成为威士忌酒中的极品；

第二，以稳固的全国性消费专卖权为基础，争取最完善的经销网；

第三，争取酒业界承认它是高赢利的上等产品，值得在酒商的酒架上占一显著位置。

这些目标实现起来相当不易，但史密夫坚持不懈，并为之制定了详尽的市场策略。在它的独特味道的制造方面，公司坚决维护酒厂的独特性，并要刻意塑造出消费者和产品之间情笃意深的意境；不断努力使公司广告力量和它的推销工作密切配合。

史密夫指使下属展开柔中有刚的广告宣传，再配合以迅速而果断的行动，使得公司的计划连连告捷，于是杰克·丹尼尔威士忌酒在消费者心目中的知名度直线上升。

随着销售额激增而来的问题便是所有存货都卖光了。消费需求大大超过了他们的供应能力。威士忌酒和大多数产品不同，需储藏多年才能变成陈年佳酿，一般都要花四年至五年时间。最短视的办法也许是贸然增大产量和缩短酿制时间，这无疑是对产品的质量让步，很可能使千辛万苦创立的名牌形象毁于一旦。

史密夫直率地要求他们的顾客和代理商跟他们一起忍耐、等待，他通过广告告诉他们："我们宁愿请你耐心等待而不愿失掉你对杰克·丹尼尔威士忌酒的尊重。"

对消费者而言，货源短缺更加强了这种威士忌酒的珍贵形

中小企业营销指南

象，惹人注目。时至今日，消费者对杰克·丹尼尔威士忌酒的需求仍是供不应求，尽管扩大生产后的公司的供应量已增加了 4 倍多。

品牌的魅力是无穷的，但是树立一个品牌却并非易事，它可能是几代人的不懈努力与辛苦付出的结果。要树立一个好的品牌，就要时刻从消费者的角度着想，不断地改进自己的产品和服务，实现对消费者的承诺，让消费者感受到周到满意的服务。当消费者使用产品的满意度不断累加的时候，品牌的树立也就逐步成功了。

"品牌铸就辉煌"，品牌也将征服消费者的心。品牌之所以被消费者认同和追逐，其魅力就在于它使人们能够享受品牌所带来的实惠和放心，其魅力放射出来的光芒是耀眼的，是温馨的，是可信的，是有着巨大价值和浓厚文化底蕴的。

品牌是把两种商品区分开来的方法，它可以帮助企业建立良好的形象。

打造产品的载体——文化

物质资源是会枯竭的，唯有文化才能生生不息。文化是土壤，产品是种子，营销好比是在土壤里播种、耕耘，培育出"品牌"之幼苗。文化营销是指把商品作为文化的载体，通过市场交换进入消费者的意识，反映了消费者对物质和精神的追求。文化营销既包括浅层次的构思、设计、造型、装潢、包装、商标、广告、款式，又包含对营销活动的价值评判、审美评价和道德评价。

文化营销是服务、品牌以及企业内涵的统一，在具体操作中，文化营销可以在不同的层面体现出来。

一是在产品或服务层面。这一层面上的文化营销就是推出能提高人类生活质量、推动人类物质文明发展的产品或服务，并能引导一种新的健康的时尚的消费观念和消费方式。

二是在品牌文化层面。品牌有无竞争力、能否成为名牌，并不主要取决于技术物理差异，而在于品牌是否具有丰富的文化内涵。

三是在企业内涵层面。即在营销过程中，将企业优秀的文化理念、行为文化、物质文化、制度文化等通过整合有效地传达给社会，以塑造良好的企业形象，反过来又有助于各项营销手段与技巧的顺利实施。其中文化理念是核心，它包括了一个企业的价值观、企业精神和企业道德。

在实际操作中，以上三个层面中的文化因子越统一营销的效果就越好。同时，文化应该有一个明确的定位，这种定位必须反映个性，而且随着社会主流文化的变迁，文化定位也将是一个动态的过程，要跟上潮流，与时俱进。

星巴克（是美国一家连锁咖啡公司）崛起之谜在于添加在咖啡豆中的一种特殊的配料：文化。星巴克咖啡只是一种特制饮料，与其他咖啡饮料没有太大的差别，但它之所以能够成为全球知名品牌，是因为它与文化有着紧密的联系。

星巴克是多层次文化的统一。星巴克的成功并不在于其咖啡品质的优异，轻松、温馨气氛的感染才是星巴克制胜的不二法

宝。星巴克咖啡馆所渲染的氛围是一种崇尚知识、强调文化，带有一点小资情调的文化。星巴克文化的核心，是尽量利用舒适的环境帮助人拓宽知识和能力，挖掘人在知识和能力上的最大潜能。

星巴克在服务层次的口号是：将每一粒咖啡豆的风味发挥尽致；星巴克的宣传是：最后的一道工序是把热气腾腾的咖啡连同标准的服务模式一起卖给顾客。"以顾客为本，认真对待每一位顾客，一次只烹调顾客那一杯咖啡"这句源自意大利老咖啡馆的企业理念，衍化为星巴克注重当下体验的观念——强调在每天工作、生活及休闲娱乐中用心经营这一次生活体验。

为了检验"为客人煮好每一杯咖啡"，星巴克公司建立了一系列考评机制，其中的"神秘顾客"是最有特色的。除了通常的理论知识考察和实际操作考察外，星巴克公司会委托某个具有考察能力的公司，秘密派人扮作顾客，来到星巴克的各个分店进行消费，其间对员工的服务、技能、环境氛围等全方位考察，然后结合业绩综合考量，最终决定某店的服务质量如何、某店员能否升迁等。这种考评机制促使星巴克的员工能够更加认真地对待每一位顾客，让顾客在这里能够享受到咖啡以外的特殊文化。这种特别的感受让很多顾客为之着迷，星巴克也因此走向了成功。

星巴克的产品不单是咖啡，咖啡只是一种载体，而正是通过咖啡这种载体，星巴克把一种独特的格调传送给顾客。咖啡的消费很大程度上是一种感性的文化层次上的消费，文化的沟通需要的就是咖啡店所营造的环境文化能够感染顾客，并形成良好的互动体验。

星巴克的品牌传播并不是简单的、传统意义上的铺天盖地的

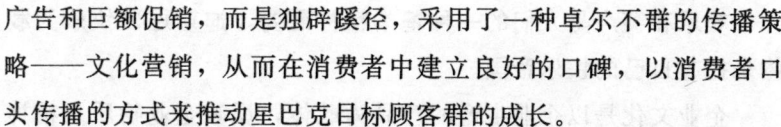

广告和巨额促销，而是独辟蹊径，采用了一种卓尔不群的传播策略——文化营销，从而在消费者中建立良好的口碑，以消费者口头传播的方式来推动星巴克目标顾客群的成长。

我们再来看看另一个公司。迪斯尼公司的经营理念是"制造并出售欢乐"。"制造欢乐"是迪斯尼品牌的核心。公司在经营中始终贯穿着"制造欢乐"，其品牌个性与价值随着事业的扩大不断得到强化。

"迪斯尼所带给你的将全部是快乐的回忆，无论是什么时候。"迪斯尼公司的人深深懂得，不能让游客失望，哪怕只有一次。如果游客感到快乐，他们会再次光顾，重来游玩。因此，公司以"快乐"为经营理念，转化到每个员工的具体工作中，成为全体员工的工作理念和服务承诺。在迪斯尼，快乐被近乎完美地传递着。

正如迪斯尼所言："只要这个世界仍存在幻想，迪斯尼乐园就将永远延续下去"。沃尔特·迪斯尼赋予了人们一个梦幻的美妙童话世界，这也许就是一切力量的根源。

银幕上的米老鼠、唐老鸭、巴斯光年、加菲猫和白雪公主等为数众多的卡通人物，对一代又一代的观众而言显然就是童年梦幻的代名词。迪斯尼所创造的神奇美丽世界，让全世界的人都如痴如醉，不管是电影、卡通动画或者是历久弥新的动人乐曲，都是曾经陪伴你我成长的温馨回忆。

迪斯尼乐园——它不只是游乐场，更是现实的乌托邦。通过一系列游戏设施和表演，游客在早已预设的轨迹和效果中与童话中的人物一同历险。最后在迪斯尼世界固有而唯一的规律下，游客所感受到的只会是既惊险又安全的充满快乐的旅程。

中小企业营销指南

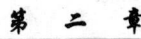

欢乐和笑声是人们的一种基本精神需要，迪斯尼以快乐为载体来托起自己的快乐帝国。

企业文化是以企业生产的产品为载体，反映企业物质及精神追求的各种文化要素的总和，是产品价值、使用价值和文化附加值的统一。随着知识经济时代的到来，文化与企业、文化与经济的互动关系愈益密切，文化的力量愈益突出，这种文化色彩首先体现在企业的产品上。也就是说，企业生产的产品绝不仅仅具有某种使用价值，不仅仅是为了满足人们的某种物质生活需要，而且越来越多地考虑人们的精神生活需要，千方百计地为人们提供实用的、情感的、心理的等多方面的享受，越来越重视产品文化附加值的开发。企业要努力把产品的使用价值、文化价值和审美价值融为一体，突出产品中的人性化含量。

总之，企业要为产品打上文化烙印，使产品具有深刻的文化内涵和独特个性，这样才能在激烈的市场竞争中赢得胜利。

第三章 了解行情
定位产品

找到属于自己的那份蛋糕

市场细分是确定市场定位的前提，也是现代营销的首要和关键一步。如果把整个市场比喻成一个蛋糕，市场细分就是把这个蛋糕切成小块的过程。很显然，想要吃到一份蛋糕，不将它切块是不行的，因为面对整个大蛋糕，将会无从下口。

所谓市场细分，就是根据顾客需求的不同，将市场进行区别划分的过程。简单地说，市场细分就是在一个大市场的前提下，划分出不同的小市场，这样的划分有助于企业和经营者更好地了解市场，发现自己产品和消费者的重叠处，进而寻找到自己的目标市场。比如，图书市场是大市场，如果进行细分就可以分为教辅图书、历史图书、文学图书和生活图书等不同的类别，在经过细分后，企业和经营者就能够更容易地在其中找到自己发展的方向。

然而，要"切"好市场这个蛋糕，并不是那么简单的事情，就像真正地切蛋糕一样，你要选择合适的工具，而且要根据自己的胃口大小和人数的多少来切。因此，要充分考虑自身的特点和行业竞争的因素，在切蛋糕的过程当中，还要注意所切的那部分是不是符合自己的口味，是不是自己最想要的。细分市场也是如此，每一个市场的特点都不同，有的市场高端消费者多一些，而有些市场则是低端消费者的聚集地，要根据自己企业的需要进行合理地划分和选择。

要想切好蛋糕，第二个考虑的当然是吃蛋糕的人。如果是一个大蛋糕的话，那么一定不是你一个人在吃蛋糕，而且即使是其中的一块蛋糕也不仅仅只有你一个人想吃，可能是好几个人想吃。在市场营销当中，你的实力、地位和能力的大小直接决定了你可以吃到什么样的蛋糕。所以，尽量对自身的实力条件有一个明确的了解和评估，根据自己的实际情况选择合适的蛋糕，这样才不至于引发危机，也不会错失良机。

在市场当中也是如此，必须根据自己的实际情况去选择目标市场。如果自己的实力和能力还没有资格进入那个市场的话，还是把它让给别人，但是如果自己的实力和能力已经具备进入市场的资格的话，那么就要据理力争。

如果看到一个市场中有太多的竞争者，那么就要考虑自己获得的收益和即将付出的精力与投入是否成正比，如果不成正比，那么最好放弃竞争，转向其他市场。

北京汇源饮料食品集团是主营果、蔬汁饮料的大型现代化企业集团。如今汇源饮料食品集团在全国各地创建了30多家现代化工厂，构建了一个庞大的水果产业化经营体系。

"汇源"已成为中国果汁行业的第一品牌，被评为"中国驰名商标"，汇源饮料食品集团累计研发和生产了500多种饮料食品。

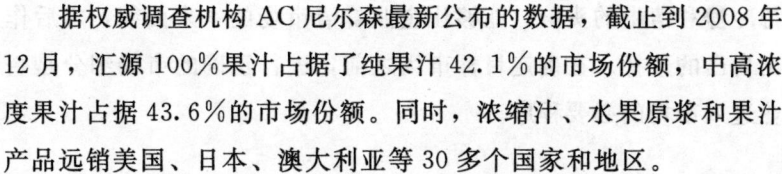

据权威调查机构 AC 尼尔森最新公布的数据，截止到 2008 年 12 月，汇源 100％果汁占据了纯果汁 42.1％的市场份额，中高浓度果汁占据 43.6％的市场份额。同时，浓缩汁、水果原浆和果汁产品远销美国、日本、澳大利亚等 30 多个国家和地区。

汇源饮料食品集团从成立之初就看到了饮料市场内部的不同划分及自己所要面对的不同消费群体，如碳酸饮料主要针对青少年和儿童群体，果汁饮料主要针对青年女性和婴幼儿群体，乳品饮料主要针对中老年群体等。根据市场细分，汇源饮料食品集团进行了详细地分析之后，作出了准确的定位，将自己的目标确定在以中青年女性为主的果汁饮料上，打出"百分之百纯果汁"的口号。

这样，在短短几年时间内，汇源饮料食品集团成为中国饮料工业十强企业，其市场占有率、销售收入和利润率在同行当中名列前茅，从而成为果汁市场当之无愧的引领者。

"汇源"的成功是市场细分的成功，是找到了自己的哪块蛋糕，为所有营销者提供了一个很好的榜样。

任何一个企业都无法单凭自己的力量来满足整个市场的需求，这不仅是由企业的有限资源和竞争能力的限制，而且从效率、效益上也不足取。因而，越来越多的企业是从众多市场中识别出能有效为之服务和相对最有吸引力的细分市场作为自己的目标市场，实施目标市场营销，而不是四面出击。

一定的市场细分，能够让企业在错综复杂的市场竞争当中保持冷静和清晰的头脑，能够让企业看清市场的本来面貌，之后作出自己的选择。在确定目标市场之前，进行正确的市场细分是企业进入市场的必要程序。

市场细分要分到点上

市场细分是根据顾客需求的不同，将整个市场划分为若干个分别由相同需求的顾客组成的较小市场的过程。也就是说，市场细分是以顾客为对象，根据顾客需求的差异性把市场分为若干个顾客群体，每个顾客群体就组成一个细分市场。细分市场内的顾客有很多类似的消费行为和习惯，相互之间的需求差异是微小的，而在不同的细分市场内顾客需求的差异则是很大的。

市场细分的目的是要在商品近似、对手如林的市场中为自己企业的产品寻找到一个成长壮大的空间。

市场细分，主要是从不同消费者群体的差异性需求出发，按照一定标准将整体市场划分出若干子市场，从而确定企业目标市场。市场细分的客观基础是消费者需求的差异性，但充分挖掘这一目标群体的相似需求，才有可能针对这一消费群体而生产出能满足其需求的独特产品。只有这样，一个相对独立且稳定的细分市场才可能得以建立和保持。

　　宝洁公司以前生产了11种品牌的洗衣清洁剂、8种品牌的香皂、6种洗发香波、4种液体碗碟清洁剂、4种

牙膏、3种地板清洁剂、3种卫生纸、2种除臭剂、2种织物柔软剂、2种一次性尿片，而且许多品牌都有几种型号和配方。以洗衣粉为例，消费者可购买大包装或小包装的，普通型、无香型或漂白型的等等。

这些宝洁产品在同一超市的货架上摆放。为什么宝洁公司要在一类产品中推出好几种品牌，而不是集中精力推出一种品牌呢？答案在于不同的人希望从购买的产品中获得不同的利益组合。

以洗衣粉为例，人们使用洗衣粉的目的是使衣物干净，但是，他们还想从洗衣粉中得到些别的东西，如经济实用、漂白、使织物柔软、新鲜的气味、强力或中性、泡沫多等。消费者想从洗衣粉中或多或少地得到上述的每一种利益，只是对每种利益有不同的侧重而已。

对有些人而言，清洁和漂白最重要；对另外一些人而言，使织物柔软最重要；还有一些人则想要中性、有新鲜香味的洗衣粉。因此，洗衣粉购买者中存在不同的群体或细分市场，并且每个细分市场寻求各自特殊的利益组合。

宝洁公司至少已找到了11个重要的洗衣粉细分市场以及无数的亚细分市场，并且已经开发了满足每个细分市场特殊需求的不同品牌，11种宝洁品牌针对不同的细分市场分别进行市场定位。

通过细分市场和采用多种洗衣粉品牌，宝洁公司吸引了大量的重要的偏好群体中的消费者。其品牌总和在美国洗衣粉市场中取得了53%的市场份额，大大超过了

中小企业营销指南

仅凭一种品牌所能得到的市场份额。

市场可以细分出很多块，哪一块可以做，哪一块不能做，不是随意选择的，这是由企业的经营方向和经营目标来决定的。企业还需要注意市场细分的标准和准则，并非只依据个人的主观判断和倾向。只有消费者不断变化的实际需求状况，才是企业进行市场细分的客观依据。这就需要企业认真搞好市场调研，做好市场细分工作，生产出符合不同类型的消费者需求的产品。

中国饮料市场的巨大潜力，曾经吸引了众多国际和国内饮料企业的加入，比如可口可乐、百事可乐、康师傅、娃哈哈、农夫山泉、健力宝等纷纷打入果汁饮料市场，一时间群雄并起、硝烟弥漫。

这时候品牌竞争往往表现得不够明显，竞争一般会表现在产品、质量、价格、渠道等方面，有人称之为产品竞争时代。比如说，当企业把市场分割为中老年人、青年人以及儿童等几个目标细分市场时，人们都能形象地知道这些细分市场的基本特征。由于这种"分类"方法简单、易于操作、费用较低，大部分企业都乐意采用。

正当众多的企业因对市场细分认识不足而停留在静态市场细分的水平上，且纷纷采用价格战或增加广告投入等常规方法抢夺该行业市场时，统一、可口可乐等公司却是从消费者的角度出发，以动态市场细分的原则（随着市场竞争结构的变化而调整其市场细分的重心）来切入和占据市场。

1999年统一集团开始涉足橙汁产品市场，它通过深

度市场细分的方法，选择了追求健康、美丽、个性的年轻时尚女性作为目标市场，首先选择的是 500mL、300mL 等外观精致适合随身携带的 PET 瓶，而卖点则直接指向消费者的心理需求："统一鲜橙多，多喝多漂亮"。其所有的广告、公关活动及推广宣传也都围绕这一主题展开，如在一些城市开展的"统一鲜橙多选拔赛"、"统一鲜橙多阳光女孩"及"阳光频率统一鲜橙多闪亮 DJ 大挑战"等，无一不是直接针对以上群体，从而极大地提高了产品在主要消费人群中的知名度与美誉度。在 2001 年统一仅"鲜橙多"一项产品销售收入就近 10 亿元，在竞争激烈的饮料市场上取得了优异的销售业绩。

再看可口可乐专门针对儿童市场推出的果汁饮料"酷儿"。

"酷儿"，卡通形象的打造再次验证了可口可乐公司对品牌运作的专业性，相信没有哪一个儿童能抗拒"扮酷"的魔力，年轻的父母也对小"酷儿"的可爱形象大加赞赏。

动态的深度市场细分是在市场竞争中，因为只有这样才能锁定自己的目标市场群体，集中有限资源，运用差异化的深度沟通策略并辅以多种手段赢得其"芳心"，并不断培养其忠诚度，从而达到最大限度阻隔竞争对手的目的。

通常企业在选择目标市场时应包括以下三个方面主要内容。

一是要着重考虑在该细分市场上开展市场营销业务是否与企业的整体性和长远性目标相符，如果细分市场不能满足企业的长远发展目标，则应予放弃。

二是要通过对商品或顾客交叉分析找出最佳的市场机会，同时对细分市场内的竞争对手加以分析，把握企业在有关细分市场中的生存和发展机会。要能够突出和充分发挥自身拥有的技术特长，生产出符合目标市场所需要的产品，这样企业才能在竞争中取得优势，立于不败之地。

三是要认真做好利润分析。企业只有不断获得利润才能生存和发展。如果细分市场无法使企业获得预期的或合理的利润，则企业就不能进入该细分市场。

市场细分说到底就是一次市场的透视，通过市场细分能够帮助你更进一步看清市场，看清自己的实力和定位，看清消费者的需求和方向，进而对自己的营销战略做出调整和决策。细分市场表面上看可能是一个狭窄的、不起眼的市场，但充分挖掘，可能是另一片蔚蓝的天空，可能是另一片碧蓝的大海。

主动选择目标市场

一艘航船如果没有方向，它就会在大海里无所适从，很快被打来的风浪击沉；一只鸟如果没有方向，它就会在天空中盲目飞行，很快就会被刮来的大风折断翅膀。同样的道理，如果一个企业没有方向，它就会在激烈的竞争中被突如其来的变化所吞没，在不断变化的市场中败下阵来。

就像一个人的成长要有明确的目标一样，一个企业要想发展壮大，必须有自己明确的目标。只有在目标的指引下，企业才能沿着自己的轨迹不断发展壮大，最后获得成功。如果企业没有目标，就只能在变幻莫测的市场当中被淘汰。

在化妆品市场上，历来各大公司都大力开发高档产品，追求奢侈豪华，把争夺的焦点集中在处于"金字塔"塔尖上的高端消费者，而较少有人将目标锁定在蓝领消费者身上。其实，这一消费阶层的人数众多，他们对生活质量有着较高的追求，对同类产品不同价格的敏感度较强，对一些高档产品质量感到满意的同时，常常对价格有抱怨情绪。

北京大宝化妆品有限公司作为一家实力并不强大的福利企业，在竞争激烈的化妆品行业中，牢牢地占有一席之地。从一家小小的福利厂发展到今天，大宝经历了许多变革。但从一开始，大宝就牢牢地锁定了自己的目标市场。大宝化妆品的目标市场是这样定位的：年龄为25到30岁之间的各类职业工作者，有着一定的文化修养，但又属大众消费阶层；他们不求奢侈豪华，但求心理满足，对品牌价值、品牌内涵以及品牌的社会影响有着特定的主见。也就是说，大宝化妆品把目标锁定于蓝领消费者。

到了2003年，在润肤品行业中，大宝的市场份额是17.79%，远高于其他竞争对手。为什么呢？答案也

许会有很多，但有一点是大家都无法否认的：大宝进行了明确的市场细分，而且将市场定位在蓝领消费者，这在当时是被许多比大宝强大的品牌所忽视的。

目标市场对于企业来说十分重要，它是企业能否在市场上立足并得以发展的前提和关键。目标市场的确立一般是在市场细分的基础上进行的，即先细分市场，然后在每个不同的市场划分当中根据自己的实力和特点选择符合自己的目标市场。

英国有一家油漆厂为了打开市场，访问了许多潜在消费者，调查他们的需要，并对市场作了以下细分：本地油漆市场的60％是一个较大的普及市场，对各种油漆产品都有潜在需求，但是本厂无力参与竞争。另有四个分市场各占10％的份额：第一个是家庭主妇群体，特点是不懂室内装饰需要什么油漆，但是要求质量好，希望油漆商提供设计，并要求油漆效果美观；第二个是油漆工助手群体，顾客需要购买质量较好的油漆，替住户进行室内装饰；第三个是老油漆技工群体，他们的特点是一向不买调好的油漆，只买颜料和油料再由自己调配；第四个是对价格敏感的青年夫妇群体，收入低，租公寓居住。按照英国的习惯，公寓住户在一定时间内必须粉刷住房，以保护房屋，因此，他们购买油漆对质量要求不高，只要色彩鲜艳。该厂经过深思熟虑，最终选择了青年夫妇群体作为自己的目标市场，并制定了相应的市场营销组合。

一是产品。经营少数不同颜色品种、不同分量包装的油漆，并根据目标顾客的喜爱，随时增加、改变或取消颜色品种和装罐大小。

二是分销。产品送抵目标消费者住处附近的每一家零售商店。目标市场范围内一旦出现新的商店，立即招徕其经销本厂产品。

三是价格。保持单一低廉价格，不提供任何特价优惠，也不跟随其他厂家调整价格。

四是促销。以"低价"、"满意的质量"为口号，以适应目标消费者的需求特点，定期变换商店布置和广告版本，创造新颖形象，并变换使用广告媒体。

由于目标市场选择恰当，市场营销战略较好地适应了目标消费者，虽然经营的是低档产品，但该厂仍然获得了很大成功。

选择正确的目标市场，要注意以下几个方面的问题。

（1）要看这个市场是否有前景。一个已经被别人开发得很完善的市场是没有多少潜力可挖的。

（2）要选择和自己产品相匹配的消费者。假如一家动漫制作公司，如果选择一个中老年人市场，肯定是要亏本的。

（3）要看这个市场的消费能力和消费水平。即把自己的产品定在什么样的价位上，高消费的人群毕竟还是少数，而大多数人都是结合自己的消费能力购买那些中档耐用商品，所以企业一定要根据自己的特点选择适宜的消费群体。

（4）要有新意。不要在原有的市场上寻找目标，而是要善于

开辟自己的目标市场。比如饮料市场几乎都被瓜分光了，要在这个市场上再有新的突破已经很困难了，那么，就可以把目光转向其他人群，选择新的目标市场。

有了目标市场，企业和经营者才有明确的努力方向；有了目标市场，企业才能逐步发展自己的特点和优势；有了目标市场，企业才不至于在竞争激烈的市场当中茫然无措。

市场绝对不是一个游戏场，其中都是真实的较量和竞争，失败和淘汰都是随时可能发生的事情。那些盲目发展、找不到自己方向的企业犹如大海中的孤舟，迟早是要被市场淘汰的。

对产品进行精确定位

所谓产品定位是指为一种适合顾客心目中特定地位的产品，所采取的产品策略企划及营销组合的活动。产品的定位往往影响着企业的发展方向和企业产品能否获得消费者的肯定。

玉兰油是宝洁公司旗下的护肤品牌，它在价格和渠道上采用中低档价位，符合中国的国情，受到广大消费者的喜爱。

进入中国内地市场 20 年来，玉兰油始终如一地坚持自己的产品理念、经营理念，没有因周围品牌的影响而改变。面对同类产品的竞争，始终保持了自己的优势。

同样是护肤品，同样是国际品质，同样使用国际明

星做广告，玉兰油刻意打造"百姓产品"，无论是价格还是渠道都让其他国际品牌爱恨两难，虽然未必低价都能成功，但玉兰油的市场定位之准确，让其他企业望尘莫及。遍地开花的专柜使玉兰油成为职业女性眼中的"第一印象"。

产品定位一定要客观而实际，既要根据市场定位来确定，又要接受市场定位的指导，同时又比市场定位更深入而具体。

德国宝马汽车公司是世界上最知名的汽车公司之一。以生产豪华轿车、摩托车和高性能发动机而闻名于世，其轿车在国际上以高质量、高性能著称，与奔驰车并列为著名品牌。宝马公司自成立以来，就确定了"不追求汽车产量的扩大，只追求生产高品质、高性能和高级别的方向和目标"。

宝马汽车从一开始就将产品定位为高档豪华产品，是为了满足人们彰显地位和身份、追求豪华气派和高品质的需求设计的。所以宝马的产品在每一个环节都能做到精益求精，每一款车型都尽善尽美，它已经成为豪华和高品质产品的代名词。

汽车工业自形成以来，一直稳定发展，现已成为全球最重要、规模最大的工业部门之一。但是，20世纪80年代中期，美国汽车市场趋于饱和，竞争非常激烈，汽车行业不景气。90年代之后，日本、欧洲一些国家的汽车制造业都发展缓慢，全球汽车行业进入了调整阶段。汽车行业需要新的经济增长点，而此时亚洲经济正

中小企业营销指南

以惊人的速度发展，被喻为亚洲"四小龙"的新加坡、中国香港、中国台湾、韩国的人均收入水平已接近中等发达国家水平，此外，中国、泰国、印度尼西亚等国具有汽车购买能力的中产阶级的数量正飞速增长，世界汽车巨头都注视着亚洲，尤其是东亚这块世界汽车业最后争夺的市场，宝马公司也将目标定向了亚洲。

宝马公司试图吸引新一代寻求经济和社会地位成功的亚洲商人，宝马的产品定位是：最完美的驾驶工具。宝马要传递给顾客创新、动力、美感的品牌魅力，这个诉求的三大支持是：设计、动力和科技。公司的所有促销活动都以这个定位为主题，并在上述三者中选取至少一项作为支持。每个要素的宣传都要考虑到宝马的顾客群，要使顾客感觉到宝马是"成功的新象征"。要实现这一目标，宝马公司欲采取两种手段，一是区别旧与新，使宝马从其他品牌中脱颖而出；二是明确那些期望宝马成为自己成功和地位象征的车主有哪些需求，并去满足他。

准确的定位和始终如一的品质，让宝马在亚洲市场取得了巨大成功。如今，宝马已经在亚洲市场占领了一席之地，成为高档消费品的代名词。

不仅要确定产品在竞争者中间的地位，更重要的是在消费者心目中的心理地位。希望在消费者心目中达到一个什么样的地位，就向着那个定位去努力。只有消费者认可了的产品，其定位才是成功的。

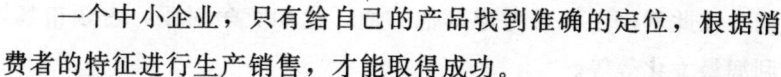

一个中小企业，只有给自己的产品找到准确的定位，根据消费者的特征进行生产销售，才能取得成功。

综合考虑科学定价

每个中小企业，都要面临给产品定价的问题。

价格是价值的市场反应，它与社会生产需求之间存在着相互制约、相互作用的关系，而价格信息作为社会化大生产的晴雨表，在经济生活中起着极为重要的作用。

就其构成而言，价格由以下几部分组成。

一是成本。从社会的角度看，成本可以分成资源成本、生产成本、流通成本；从企业的角度看，成本又可分为固定成本和变动成本。固定成本是指在一定范围内不随产量变化的成本，如工资、管理费用等；变动成本是指单位产品中相等的总量随产量增加成正比例变动的成本，如原材料。总之，成本是指企业在生产、经营活动过程中占用的人力、财力、物力的总和。

二是利润。从产品生产出来到顾客手中，每增加一个流通环节就多一层内容，其中包括的利润有生产利润、代理商利润、批发商利润、零售商利润等。从这个意义上说，流通环节越多，顾客负担越重。

三是价内税。如果商品是经过零售业到达顾客手中，那么价格中就要包括一部分由顾客负担的税收。

无论定一个什么价格，它的基准都要保证企业有一定的利

润。在此基础上，再考虑其他方面，比如竞争对手，占领市场，利润最大化等等。

排斥竞争的价格手段主要是低价格低利润。低价格对于任何一个潜在竞争者都是无利可赚的，而对于有的企业则不然，有的企业的短期利润虽然很小，但长期利润很大，并且比较稳定。如日本索尼公司20世纪70年代向市场投放的带耳机的小型收录机，为了排斥竞争者，投放市场时价格定得很低，在市场上异常走俏。一年后，其他竞争对手才把竞争产品投入市场，原因是：这些企业无法将产品价格保持与索尼公司一致水平。

我们来看看惠普公司的做法。

惠普公司曾成功研发了一项能够提升彩色激光打印机性能及清晰度的新技术，这项新技术大大地改变了彩色打印效果。当这种经过技术改良的打印机产品试制成功后，惠普公司面临着市场定位和定价的决策，究竟是凭借新技术优势制定高价格入市，还是保持原价不变呢？

惠普公司营销高层分析目前打印机市场上竞争对手的同类型打印机的售价在150美元，如果惠普新型打印机倚仗新技术而制定高价格，例如定价到250美元，惠普公司可以赚到100美元，产品的毛利率翻番。但是这样的价格体系所产生的暴利诱惑，必然会吸引大批追随者进入，这些公司面对巨大的利润空间，必然会不惜研发成本来提升性能，造成打印机市场的一片混乱，各个品牌相互杀价，其结果肯定会损害到惠普目前既有的市场优势。

惠普公司通过对于市场实际情况的种种分析及对自

身利益的长远考虑，最终定价185美元，这个定价可以有效阻止追随者的进入，如果有追随者愿意花费巨额成本加入竞争，惠普还准备将价格调到160～175美元之间，使新对手无法收回成本，赢利微乎其微，甚至可能亏损。

企业在选择与确定定价目标时，应当遵循如下原则。

一、可行性

任何一种定价目标的成功实现，都需要有相应的前提条件。比如，短期利润最大值目标的实现必须有产品的需求函数和比较稳定且容易掌握的成本函数等条件，而扩大市场占有率目标的实现，必须有企业实力雄厚、成本低廉等条件。

在决定某个时期某种产品的定价时，一定要根据企业自身的能力和可能，不能定一些实行不了的定价，否则，这样的定价一定是无用的。

二、风险性

企业在选择和确定定价目标时，既要坚持可行性原则，量力而行，又要树立风险性原则，勇于进取。

在大多数情况下，企业定价总是面临不易完全准确掌握的需求函数，不能充分了解竞争对手的对策，整个定价环境往往存在着诸多不确定性因素。在这种情况下，企业应该敢于冒险，大胆决策。因为市场环境是瞬息万变的，如果不抓住时机，迅速决策，将坐失良机，就会在竞争中失败。

三、全局性

企业定价的各种目标有时是互相矛盾的。比如，追求短期利益最大值目标，需要把产品价格定得很高，但这却是与扩大市场

占有率目标相违背的，同时产品高价也容易导致消费者的反感，不利于树立企业的良好形象。

另外，追求短期利润最大值目标与当前销售收入最大值目标也是不一致的。针对各种互相矛盾的定价目标，企业应该树立全局的观点，从整个企业的利益出发，全盘考虑。

四、变化性

企业对任何定价目标的选择都不能一价定终身，而是应该根据市场状况、产品周期、生产成本等主客观条件的变化，适时加以调整。比如白热化的手机市场，一般新机型出来两三个月后就要重新定价，否则这款手机就卖不动了，因为市场上可选择的手机太多了，而且手机升级换代较快，一步跟不上，步步跟不上。

对于一件新产品的市场定价是一个复杂的系统工程，若考虑不周必将伤害自身利益。惠普所采用的价格战略，虽然使自己损失一定的利润，但却实现了主要目标，最大限度地扩大了市场份额，把自己的竞争对手阻止在新型打印机市场的大门之外。

企业在市场营销活动中，可依据所处的地位、竞争环境，以及商品寿命周期的不同阶段来选择具体的定价目标。

给产品起个好名字

有人可能认为："名称不过是符号而已！"其实不然。日益增多的证据显示，产品的品牌名称扮演着重要角色。不要小看品牌名称，一旦没有起好名字，那么，产品很可能石沉大海。

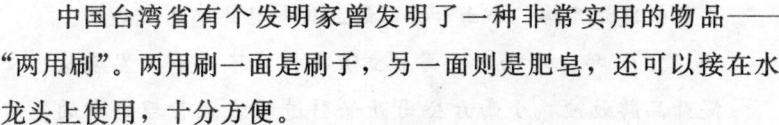

中国台湾省有个发明家曾发明了一种非常实用的物品——"两用刷"。两用刷一面是刷子，另一面则是肥皂，还可以接在水龙头上使用，十分方便。

发明之后，他费心想出"鸳鸯刷"这个名字。用鸳鸯代表两用，又贴切又浪漫。于是"鸳鸯刷"经过豪华包装后，推向了市场。不料，这个刷子的销路奇差！他百思不得其解。后来才明白问题出在名字上，"鸳鸯刷"这个名字使一些人误认为是"鸳鸯戏水"，是用来洗澡的，由于刷子太硬，刷背刷得伤痕累累。其实它是刷洗厕所的工具。

又如"小西六"是谁？现代人恐怕很少人知道。然而大家都知道柯尼卡，柯尼卡生产的照相胶片几乎每个现代人都使用过，"小西六"就是柯尼卡的前身。

"柯尼卡"原名叫"小西六"，是家族式企业，创建于1873年，主营照相器材，在20世纪初小西六公司聘请法国技师开发照相器材，生产出畅销的樱花底片，声名大噪。在第二次世界大战期间，小西六公司奉命生产军用品，以致耽搁了自身事业的发展，在战争结束后失去了日本照相业霸主的地位。小西六公司为了弥补战争时期的落伍，重新开始发展民用产品。小西六公司陆续推出了"可摄佳"照相机、"优美"复印机、"马克拿库斯"音响器材及录像带等，产品种类不断增加，公司营业额及利润也快速增长。尽管如此，可是人们买底片时都知道樱花牌的较好，买相机的都知道可摄佳不错，但都和"小西六"联系不起来。因此，公司每推出一种新产品都

中小企业营销指南

要重新建立品牌，小西六公司的品牌却始终建立不起来。

1973 年，小西六公司成立百年，为了进一步发展及提升品牌效应，小西六公司开始引进西方经营理论中的企业识别系统。公司组织成立了市场委员会，通过大量的调查研究，意识到要想推广公司的品牌，只有把公司的各种产品和公司的名称统一起来，才能有效扩大公司的知名度。小西六公司市场委员会经过十多年的研究探索，于 1986 年，小西六公司新任总经理并手毅然决定把公司的名称和各种商标统统改为柯尼卡。

这是因为"柯尼卡"与驰名全球的美国照相制品公司"柯达"发音近似，很容易让顾客联想到他们的产品。另外，柯尼卡的发音明快、清晰，说任何语言的人读起来都比较准确，不容易发生误会。为了让这个新名字快速普及，柯尼卡公司不仅在各种媒体上大做广告，而且还在国内外所属部门及零售店设立广告牌。除此之外，公司还在东京、大阪等地，分别举办柯尼卡联欢大会，邀请企业家、新闻界、经销商、社会名流乃至政界要员光临，展出更名产品。为了让顾客们了解和记住更名为柯尼卡的底片，他们派人在大街上，向过往的行人赠送柯尼卡彩色底片。

从此，柯尼卡开始了自己的辉煌之路。

为了使品牌促销成功，最重要的决策之一就是给产品起个好名字。名字是产品的重要组成部分，要想给产品恰当定位就不得不在产品名字上下工夫。

第四章 把握市场
精准预测

关注形势把握时机

在商战中，经营者为了让自己的企业与产品在竞争中处于不败之地，千方百计地争夺利益，以达到他们预期的目的。从叱咤商海的风云人物中，不难发现在这些人身上有一个共同的特性：目光敏锐，洞察入微，瞄准目标，迅速出击。

当今商品市场对手如云，竞争激烈，市场形势风云变幻，捉摸不定。今天流行的明天可能就会被淘汰；今天还在风口浪尖上，明天或许就会被沉入谷底。在变幻莫测的市场中，只有能够看清形势把握时机的人，才能在市场上站稳脚跟并成为最后的赢家。

关注形势，把握时机是市场营销制胜的独门秘诀。很多企业都能意识到关注形势的重要性，能在形势变化的背后寻找自己的商机，因为任何一个形势的变化都有可能带来下一个商机。

只有关注形势，将各种信息控制在自己手中，看准机会迅猛出击，将市场置于自己的掌控之中，才是一个出色的市场营销者。

可口可乐公司是美国乃至全球最大的饮料生产商，其生产的饮料占据世界饮料市场的大部分。在当今世界上，很多人都喝过"可口可乐"，因为它已成为世界性的饮料品牌。

可口可乐公司能有今天的规模和成功，与其领导者善于关注市场形势、把握商机是分不开的，在此方面做得最优秀的就是第二任董事长伍德鲁夫。

伍德鲁夫于1932年掌管可口可乐公司。他一上任就雄心勃勃，要把可口可乐打造成世界性的饮料品牌，让全世界的人都喝上可口可乐。伍德鲁夫的父亲就是一个眼光独到的人，他意识到饮料市场有巨大的潜力可挖，就买下了当时因经营不善而濒临倒闭的可口可乐公司，并且交给自己的儿子伍德鲁夫来经营。

伍德鲁夫是个天生的营销专家，他紧紧盯着市场形势的变化，渴望找到一个可以令可口可乐突破性发展的时机。

1941年，珍珠港事件爆发，英国正式宣布参加第二次世界大战。美国国内可口可乐的销量锐减，因为人们都将注意力转到了战场，无心去关注饮料了。正在伍德鲁夫发愁之际，一个朋友提醒他：可以给美国前线士兵提供可口可乐。如果士兵都喝可口可乐，一定会让当地人了解可口可乐，那就可以乘机扩展市场。伍德鲁夫认为机会来了。

　　伍德鲁夫很快就赶到美国的五角大楼，找官员商量为前线供应可口可乐的问题，但是没有得到多少人的响应。伍德鲁夫并不灰心，他立刻回公司商量对策。他指派几个人撰写了一份宣传稿，并配上照片和编写的前方战士的心声，看上去像一本图文并茂的画册。

　　伍德鲁夫亲自对宣传稿加以修饰润色，用彩版印刷，这本宣传小册子特别强调：在紧张的战斗中，应尽可能调剂战士的生活，当一个战士完成任务后，筋疲力尽，口干舌燥，喝上一瓶清凉爽口的可口可乐，该是多么惬意啊！对于那些在战场上出生入死的战士来说，可口可乐已不仅是休闲饮料，而是生活必需品，与枪炮弹药居于同等重要的地位。

　　伍德鲁夫还召开记者招待会，并邀请了许多贵宾，包括国会议员、前方战士家属以及国防部的官员。在会上，他不厌其烦地鼓吹他的观点："可口可乐是军需用品，这是大家都应该承认的事实，我们把可口可乐送到战士手中，是对在海外浴血奋战的子弟兵的诚挚关怀，是为战争的胜利贡献一份力量，我们所做的不是商业行为，而是在为战士们争取福利。"

　　伍德鲁夫这个天才的宣传家使国会议员、军人家属和整个五角大楼为之折服。经过磋商，五角大楼的官员不仅把可口可乐列为前方战士的必需品，而且还支持伍德鲁夫在战地设厂生产。显然，在远征军驻地设厂风险极大，随时都有被敌人炮火摧毁的危险，因此伍德鲁夫说什么也不愿独自投资。他提出，既然可口可乐已列为

前方战士必需品，那么设厂所需的庞大的设备投资，就应该由国防部负责。此时，给前方供应可口可乐的消息已传到海外，广大前方战士一致要求国防部尽快落实。国防部虽然明知要增加很大一笔开支，却也骑虎难下了。美国国防部不久就公开宣布："在世界的任何一个角落，凡是有美国部队驻扎的地方，务必使每一个战士都能以5英分喝到一瓶可口可乐，这一供应计划所需的一切费用和设备，国防部将予以全力支持。"

五角大楼的"全力支持"使可口可乐公司获益匪浅。在短短的两三年内，公司就向海外输出了64套可口可乐工厂的生产设备，军用可口可乐的消费量竟达50亿瓶。至此，可口可乐公司已成功开辟了国际市场并为战后的新飞跃奠定了基础。

现代的人们容易把商场比喻成战场，这其实一点儿也不为过。商场就是一场没有硝烟的战争，在商场上同样遵循着严格而残酷的游戏规则，胜者为王败者寇。所以，对于商业中的每一个信息、每一个细节都必须关注，因为那极有可能成为形势的转折点。在兵法中有句话叫做："兵无常势，水无常形"。商场的局势是时刻变化的，机会也是稍纵即逝的，因此要能够跟随商场形势的变化，及时调整自己的经营策略，大胆地判断，敢于抓住一切能够赚钱的商机，这样才能在商场上站稳脚跟。

外界的一切风吹草动都可能成为一家企业营销的机遇。因此，当面对营销困境的时候，不要灰心，要相信：只要有一个信息，新的机会就来了。关注形势就是寻找机会，机会永远掌握在

有准备的人手中。

进行有效地市场预测

市场预测是关于市场未来状况的预报和推测，它是在市场营销调研的基础上，分析研究各种数据、资料和信息，运用科学的方法和技术探讨供求趋势，预报和推测未来一定时期内供求关系变化的前景，从而为公司的营销决策提供科学依据。

市场预测最主要的一项任务是估计市场现在和将来的大小，这是许多公司决策的依据。一家公司是否应该进入一个特殊的市场，要依据这个市场的容量和未来的趋势来做判断。一旦进入了市场就必须评估预测市场的潜力，要根据不同的地理环境和市场的不同部分进行资源的合理分配。

市场预测，从时间上划分，可以有短期预测和中长期预测。时间越远预测的准确性相对越低，时间越近预测的准确性则相对越高。因此，可以在中长期预测的基础上加强短期预测，便可进一步提高短期预测的准确性。

在 20 世纪 80 年代中期，江苏南通的乡镇企业蓬勃兴起，一位记者奉命去写正面宣传报道文章。

记者来到当地后发现，很多乡镇企业都在生产橡胶手套。问其原因，当地企业经营者告诉他是听说西方发达国家刚开始发现艾滋病会通过皮肤的裂口传染，因而

在医院的护理工作和家务劳动中都需要戴橡胶手套，这个市场一定很大。

记者问他们是否做过市场调查。他们说只是听说，并没有做过市场调查。记者回北京后，立即到国家外经贸部了解情况，得知国外的橡胶手套市场并不像采访中人们想象中的那么大。同时早有台湾和东南亚的一些厂商在做这种生意。记者就此写了一个不要盲目发展橡胶手套工业的文章寄到当地。结果引起当地领导和企业家的不满，认为这是泼冷水。类似的生产橡胶手套的企业还在如雨后春笋般地涌现。

两年以后，当记者再次到当地采访时看到，当地的橡胶厂已纷纷倒闭或转产，橡胶手套大量积压滞销。

这一事例说明，进行市场预测要尽可能消除主观因素的干扰，坚持客观性原则，否则企业在商海中就很容易翻船落水。

市场预测是公司决策的基础，而信息又是市场预测的基础。预测是以大量的可靠的经济信息和数据为依据，运用哲学、数学、统计学、运筹学等学科理论，在定性和定量分析的基础上，科学地预计和推测客观事物未来发展趋势的一种管理活动。目前，不少公司缺乏科学的市场预测，产生了市场预测的误区，造成决策失误，从而带来了巨大的经济损失。为使公司走出市场预测的误区，管理者应不断提高信息质量，完善和改进预测方法，从而提高市场预测的准确性，更好地为公司决策服务。

准确的市场预测能为公司确定生产经营方向提供有效的依据，还能为公司预见消费者对商品具体需求变化的趋向，以及竞

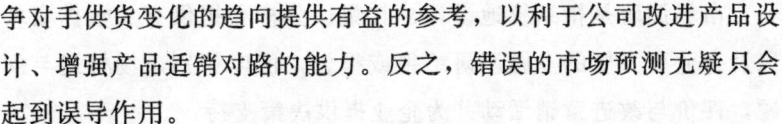

争对手供货变化的趋向提供有益的参考，以利于公司改进产品设计、增强产品适销对路的能力。反之，错误的市场预测无疑只会起到误导作用。

　　某照明电器公司欲开发一种节能灯具，在对市场进行了初步了解后，该公司便投入了生产。一年后，照明公司开发的节能灯具正式投放市场，但由于价格偏高等原因，该种灯具的销量很小，照明电器公司未能收回投资，预期的经济效益成为泡影。

　　照明电器公司对节能灯具的市场预测之所以会失之偏颇，就是因为该公司的市场预测不准确。由此可见，准确的市场预测，需要有针对性、全面性、真实性和实效性，需要在确定预测数据之前尽量撇开主观因素。同时，对预测数据是否作进一步的论证分析和修订，预测人员是否有一定的实践经验、分析判断能力，也是一个相当重要的原因。

　　市场日新月异，需求变化多端，这就要求管理者不仅要着眼于现在，而且更应关注未来，并充分利用各方面的宏观信息，把握形势、掌握规律、审时度势，对市场特别是目标市场做出科学有效的预测。

中小企业的市场调研

　　每个企业都需要仔细了解自己赖以生存的外部环境，尤其是需求环境，以发现和利用有利的市场机会，获得生存权利和取得预期业绩。

中小企业营销指南

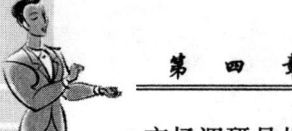

市场调研是指系统地设计、收集、分析和提供有关数据资料以及企业所需要的专题调研结果或报告，借以识别市场机遇与问题，评价与改进营销活动并为企业提供决策支持。

中小企业的市场调研主要包括以下几个方面。

一是竞争环境调查。竞争环境除了竞争对手的技术调查外，还有竞争对手的经营调查，其中包括竞争对手的经营策略，经营方式，经营内容，经营水平，以及产品销售，新产品开发，售前与售后服务等方面的情况，做到知己知彼，扬长避短，改善自己的竞争地位。

二是产品生命调查。每一种产品都有其产生、发展到消亡的过程，这一过程称为产品的生命周期。生命周期一般分为导入期、成长期、成熟期和衰老期。产品生命周期调查的重要性关系到企业的生命，一个企业要想在市场上立于不败之地，必须要不断地调查了解产品的生命周期，并及时采取积极的对应措施。

三是产品价格调查。在信息调查中，对产品价格的调查是一个重要的方面。产品价格对于产品的竞争能力和企业的利润具有决定性的影响，因此，价格的制定必须仔细研究、认真分析，在充分考虑各种影响价格因素的基础上，再对产品进行定价，一般有三条定价的依据：市场需求、竞争、成本。这三方面的信息对市场定价有着重要的意义。一个企业只有在正确的定价制度下，才能提高经济效益，使自己的产品飞向更广阔的国内外市场。

四是社会购买力调查。社会购买力的变化对于产品的销售量有着重要的影响。掌握了社会购买力的变化，就为企业了解市场供求趋势，以及产品销售情况提供了科学的依据。因为市场上的供求关系实际上就是社会商品购买力和社会商品可供量的关系。

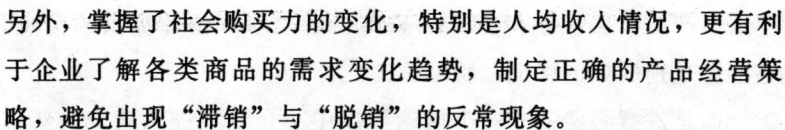

另外，掌握了社会购买力的变化，特别是人均收入情况，更有利于企业了解各类商品的需求变化趋势，制定正确的产品经营策略，避免出现"滞销"与"脱销"的反常现象。

五是市场需求调查。由于市场需求量受各种因素的影响，如购买力、文化程度等因素，所以变化也快，因此企业在调查市场需求量时一定要注意研究各种市场动态，并考虑相应的对策，使调查不仅可靠，而且可行。

中小企业进行市场调研是相当必要的，但由于人力、物力、财力的限制和业务量、成本等原因，不可能或没有必要设立专门的机构来搞市场调研。从总体上讲，中小企业在清楚自己需要的前提下，仍然可以用有限资金开展创造性的工作，主要方法如下。

一是通过报刊、网站获取免费或少量付费的信息。花较少的费用就能从报刊或网站获得大量有价值的信息，这是中小企业的最佳选择。需要注意的是，这些信息毕竟是二手信息，由于信息来源的不同，有些信息准确度不高甚至是假信息，使用时需要加以甄别。

二是业务人员积极反馈市场信息。中小企业对业务人员，不仅要考核其销售任务的完成情况，还要考核其信息反馈情况，业务员每月至少进行一次全面、详细的市场情况汇报，重要信息应及时报告。

三是从经销商那里获取市场信息。中小企业可以从关注经销商业绩和效益的角度，从经销商那里获得当地市场的情况，特别是市场容量、竞争品牌、消费者购买心理等基础信息。需要注意的是，有些经销商为了自己的利益会故意报低当地市场价格，以

中小企业营销指南

便从生产厂家那里获得更低的进价，所以对经销商提供的信息，还要通过别的渠道来加以验证。

四是进行必要的专题市场调研。中小企业在进入某个全新市场或新产品上市时，需要进行专题市场调研，将业务风险降到最低程度。有针对性的市场调查，虽然要投入一定的成本，但对企业的长远是有益处的。

五是委托专业机构从事市场调研。当中小企业需要做出重大决策而企业调研人员又难以胜任时，可将调研任务委托给专业的市场调研机构。企业只要清楚自己需要解决的具体问题并付出适当的费用，就可获得一份非常详尽而细致的市场调研报告。这对调查能力有限的中小企业来说，也是一个非常不错的选择。

中小企业要积极进行市场调研，这样做不但能发现市场机会，还能对市场机会的潜在规模、成长前景、投资成本和获利水平进行全面的衡量。

不要忽视销售文化环境调查

文化环境是一定不能忽视的，所谓入乡随俗，如果不考虑当地的风俗习惯，盲目进行推销，无疑只会撞得头破血流。

中国曾经有两家电视机厂想进军泰国市场。

其中一个电视机厂按照我国的传统喜好，在专门出口泰国的电视机上安装了增加喜庆氛围的红色外壳，并期望这种吉祥的电视机能给泰国人民带来好运，同时也给厂里带来好运。

　　然而，这种电视机在泰国却遭到了抵制。因为当地居民认为，只有消防车才用红色。再说，泰国气温高，摆一台红色电视机在家里让人感到燥热，而且红色象征血，是一种不吉利的颜色。该厂了解到这个情况，马上将外壳改成灰色，因为这是东南亚国家比较流行的电视机外壳颜色。然而，泰国人还是不买账，因为他们信奉佛教，常以焚烧锡箔来超度亡灵，灰色与锡箔颜色相近，也不吉利。

　　而另一家电视机厂在进军泰国市场之前经过了精心调查，并请当地一家有名的咨询公司担任顾问，最终推出了孔雀绿外壳的电视机，很快就在泰国畅销起来，并占领泰国电视机三分之一的市场。

　　忽视了销售文化环境的调查，是企业营销的大忌。

　　销售文化环境一般可分为兴趣、信仰、行为形式、公共机构和相互关系五个方面。经营者对这些方面调查研究的深度和熟悉程度，以及采取的相应销售策略，对产品销售前途具有重大的影响。

　　下面具体介绍文化环境的五个方面。

　　一是兴趣。兴趣是指消费者的爱好。例如，人们对电影、电视、体育运动等明星的欣赏，对于电影、电视中人物的热爱，都可能激发出一股消费热潮。日本电视剧中的主人公之一光夫，其善良而正直的品德征服了广大观众的心，由于"爱屋及乌"的心理效应，光夫所穿的上衣也得到了不少青年的青睐。不久，市场上就掀起了"光夫衫"热。在西方，一个运动员一旦成名，瞬间就会成为"百万富翁"，但是他的发家之道不在于经营，而在于他在人们心目中的地位。不少企业家利用人们"爱屋及乌"的心理，请出了有名的运动员大做产品广告，于是，运动员与产品制造商一起大发其财。

二是信仰。宗教是信仰的一个重要方面，这对产品销售的影响是不可忽视的。日本精工公司曾发明一种新式的"穆斯林"手表。这种手表能把世界各地 114 个城市的当地时间，自动地转换成"穆斯林"教徒的圣地——麦加的时间，还能每天自动鸣叫 5 次，提醒手表佩戴者按时祈祷，并确保他们在世界的任何角落，都能面朝圣地。这种新式手表一问世，立即受到具有 10 亿人口的穆斯林世界的欢迎。信仰不仅是指宗教信仰，更为重要的是消费者的理想和追求。在中国以前由于深受帝国主义列强的侵略和压迫，有志气的中国人无不追求自由独立，因此当时凡带有"国货"、"真正国货"字样的商品，就受到广大爱国同胞的欢迎，不少人宁愿买"价贵物劣"的"国货"，也不愿用价廉物美的"洋货"。后来人们都以到国营商店购物为荣，这些消费行为都是信仰的作用。

三是行为形式。行为形式是指消费者的活动习惯。例如欧洲人喜欢夏天外出度假，于是机灵的推销员在"度假节"前就主动热情地把度假用具送上门；欧美一些国家的习惯是晚上社交活动很多，早晨一般不会早起，因此，一般商店的营业时间大多在早晨 9 点以后。

四是公共机构。公共机构是指政府机构、社会团体、教会等。例如教会在国外影响很大，因此，聪明的推销商是决不会做任何得罪教会的事情的。

五是相互关系。相互关系是指消费者的家庭关系和社会关系。例如在美国两代人之间的关系很淡漠，甚至老小两对夫妇上餐厅同桌吃饭，过后也是分开算账。然而在中国，两代人的关系却要密切得多，特别是过节时子女向父母送礼致意已是一种传统习惯。因此，在节前各类商店都要摸清行情，精心准备各种包装精美的礼品，比如"礼品蛋糕"的销售量就是平时的几十倍。

人们常说的习惯和风俗是以上各种因素的综合，风俗习惯对人们的行动具有强有力的决定作用和调节作用，中小企业一定要重视这方面的调查研究。

顾客是上帝，经过精心的市场调查，找出顾客的风俗习惯，才能找到打开市场的钥匙。

对市场反应要灵敏

中小企业一般都规模较小，这相对于大企业来说既是一个劣势，也是一个优势。劣势就是在对抗上吃亏，资金不够雄厚。优势是规模小，具有灵活的特性，能对市场做出敏锐的反应，可以根据市场情况及时作出调整，生产市场急需的产品。

加拿大将枫叶旗定为国旗的决议通过的第三天，日本厂商赶制的枫叶小国旗及带有枫叶标志的玩具就出现在加拿大市场，销售火爆，而作为"近水楼台"的加拿大厂商则坐失良机。

当今市场竞争不是大鱼吃小鱼，而是"快鱼吃慢鱼"。这个法则是美国思科公司总裁约翰·钱伯斯总结出来的，他在谈到新经济规律时说，现代竞争已"不是大鱼吃小鱼，而是快鱼吃慢鱼"。

在市场竞争异常激烈、瞬息万变的情况下，市场信息流的传播速度大大加快，谁能抢先获得信息，做出应对，谁就能捷足先登，独占商机。所以说，如今的市场是"快者为王"的时代，速度已成为企业的基本生存法则。企业必须突出一个"快"字，追求以快治慢，迅速应对市场变化。

广州某公司是专以生产各类汗衫为主的公司，但由于广州生产汗衫的公司多如牛毛，市场消费已渐趋饱和，该公司生产的汗衫大量积压，产品积压又导致了公司资金周转不灵，该公司在这一艰难困境中举步维艰。

正在这时，该公司负责人在报纸上看到一则短消息说，我国体育健儿运动水平大为提高，今年将组建一支强大阵容的队伍去参加洛杉矶奥运会，誓夺金牌云云。这位负责人看完报纸便随手放在一边，又低头思考公司发展大计，如何摆脱目前的困境。突然，他灵光一闪，迅速地抓过报纸，再次把这条短消息仔仔细细地看了一遍。他心中已预感到了这条消息背后所蕴含的巨大商机！

他立即召集公司有关人员，对奥运会进行分析预测，最后大家一致认为，中国运动员在这次奥运会上必将有所作为，而中国运动员一旦实现金牌"零"的突破，那必将大大激发中华儿女的爱国热情和民族自豪感，人们一定会津津乐道体育健儿们在奥运会上的表现，并且在奥运会举行的前后一段时间，奥运会必将是社会关注的中心，也就是说它一定会成为社会的热点。

如果将销不出去的汗衫印上奥运会标志投入市场会不会受欢迎呢？

当时他们预测，既然奥运会万众瞩目，人们倾情关注中国健儿，那么，人们必然以穿着奥运会汗衫行走街头而倍感自豪。于是，该公司马上组织人力，把积压的汗衫全部印上奥运会标志，并且立即投入市场。结果，中国体育健儿在洛杉矶奥运会上实现了金牌"零"的突破，喜讯传来，全国上下一片欢腾，而奥运汗衫行情极为看好，短短一周时间人们购买奥运汗衫的热情大大超乎该公司的预料，尽管工人加班加点赶印，仍然满足不了市场需要，以至于在某零售商店因顾客担心买不到奥运汗衫而出现哄抢的局面。

该公司仅仅利用了这一市场热点，便一举摆脱了困境，谋得了发展之路。

在信息流通高度发达的社会里，企业经营者如果能适时抓住社会热点，那么就能创造财富。但有一点要注意，与热点发生关联要迅速及时，否则产品出来了热点也过了，那就没有意义了。

1998年，世界上最轰动的丑闻莫过于美国总统克林顿的性丑闻了。从年初以来，克林顿对媒体和特别检察官有关他与前白宫实习生莱温斯基是否有性关系的报道始终保持缄默和否认的态度。一直到8月16日，在特别检察官掌握了确凿证据的情况下，克林顿终于承认他确实与前白宫实习生莱温斯基有染。伴随着这一爆炸性消

息迅速传播的同时，美国市场上一种以克林顿为模特的玩偶几近脱销。这一玩偶是新泽西州一名律师的创意，高 41 厘米的娃娃穿着印满红色心形图案的拳击短裤，没拉拉链的外裤一直拖到脚面。最精彩之处是，这个娃娃身上装有一块声卡，一捏他的腰部，他就会说出一串儿一语双关的话，让人不由自主地联想起过去的 7 个月来一直困扰着克林顿总统的性丑闻。据说，不论是克林顿的支持派还是反对派，都对这一娃娃十分感兴趣，购货订单像雪片一般飞向制造商。

在信息社会的市场竞争中，"快鱼吃慢鱼"的事时有发生。谁对市场反应速度快，谁就能抢占商机，获取利润。反之，就逃脱不了被吃掉的命运。

速度就是生命，速度里面有黄金。对市场的反应速度决定着企业的命运，只有迅速应对市场者，才能成为市场逐鹿的佼佼者。

对客户需求要有正确的估计

把握市场的诀窍就是正确估计客户的需求，只要对市场有正确的估计，就能够做到有的放矢。

如今"肯德基"、"麦当劳"、"必胜客"等洋快餐包围着我国的大小城市，当这些洋快餐在中国风靡时，我国的"中式快餐"

旋风也刮到了欧洲市场。令欧洲人刮目相看，引领此风潮的就是被欧洲餐饮业同行称为"欧洲中式快餐第一人"的曾耀宁先生。

　　曾耀宁是个普普通通的浙江温州人。1989年，他自费去澳大利亚留学。1990年，他开始和妻子一起来到匈牙利首都布达佩斯创业。在布达佩斯，夫妻俩从摆地摊开始创业，历尽了人间艰辛。

　　有一天，一位朋友来他家做客，曾耀宁亲自下厨，烧了一桌拿手的家乡菜来招待客人。朋友吃了后赞不绝口，随口就说：现在这里的中餐馆手艺大多不正宗，如果你去开，依你的手艺绝对能行。真是说者无心听者有意。曾耀宁夫妻俩一商量，毅然就在1993年与朋友一起合开了一家中餐馆，步入了餐饮行业。

　　一年后，有了一定餐饮经验的曾耀宁，决心在中餐上做出点更大的名堂来。他毅然独自投资，在距布达佩斯市30公里的一个被中国人叫做"山丹丹"的著名旅游小城中，创办了一家"中华大酒楼"。这家酒楼占尽天时、地利、人和，推出的各档中国菜肴颇具特色。

　　曾耀宁夫妻俩分工合作，吃苦耐劳，经营有道，管理有方，使得酒楼生意日益兴隆，在当地享有盛誉。1996年，马来西亚国王访问匈牙利，匈牙利政府还指定在"中华大酒楼"宴请来宾。一时间，曾耀宁在匈牙利的餐饮业界闻名遐迩。

　　曾耀宁不满足于现状，他觉得中华餐饮业有着五千年的辉煌，完全可以与西餐一争天下。经过一番周密的

调查分析，他发现随着社会生活节奏的加快，除了宴请和派对外，人们一般上饭馆都是选用快餐，对快餐的需求量正在日益增大。在全球的餐饮业中，西式快餐如"麦当劳"、"肯德基"等，虽然口味单调，但却正以惊人的速度抢占着全球市场。而有着几千年历史的中华美食，在世界上却发展缓慢，这说明中餐业中一定有落后于西式快餐的地方。

为此，他作了大量的调查和对比后得出结论：传统的中餐由于品种过于繁多，制作不够统一，质量不够稳定，工艺较为复杂，耗时多，价格高，故难以吸引国外顾客长期光临。而西式的快餐则制作标准化，品种系列化，省时、省力、省钱。相比之下便有着绝对的优势。经过一番思索，曾耀宁心中有了自己的发展蓝图，他决心突破中国餐饮的传统形式，创造一种具有全新概念的"中式快餐"，一种既有传统中餐的美味、又有"麦当劳"那样的快餐优势的"中式快餐"。

经过精心筹备，1996 年夏天，一个前所未有的"中华快餐城"在布达佩斯的购物中心里开张了。曾耀宁开始在海外变革传统的中餐，带着他的那种全新的概念进行着实践和尝试。

"中华快餐城"一开张，即以豪华、新颖、规范的格局，味美价廉的颇具东方风味的菜肴和上乘的服务水准在匈牙利引起了相当的轰动，一时顾客盈门，座无虚席。

布达佩斯人对这一新型的中餐表现出来的热情远远

超过了曾耀宁当初的想象。这使曾耀宁很受鼓舞，他不失时机，加大投资，接连在布达佩斯新建的几家购物中心中开起了一连串中式快餐的连锁店。

在短短几年时间内，他依靠自创的"中式快餐"在匈牙利构筑起了他的"曾氏中华贸易餐饮集团"。如今，曾氏中华贸易餐饮集团在匈牙利已拥有多家大型餐馆和两家自选商场，仅聘用当地员工就超过百人。

曾耀宁还在不断努力，以统一的菜品、统一的流程、统一的价格、统一的服务把"中华美食"传播到全世界。

不是市场没有需求，而是没有把握住市场的特点。只要能把握住市场的特点，生产出市场需要的产品或提供恰当的服务，就能给企业带来机会。

市场有显性和隐性之分，中小企业应抓住市场的隐性需求，只有抓住了市场的隐性需求，才能了解市场的真实情况。

不同地方的客户有不同的需求，甚至在不同的时间段客户的需求也是变化的。

某马戏团有不少动物，其中有一只小老虎，由于小老虎十分可爱，所以很受观众喜爱。马戏团票房收入也因此增加了许多。

小老虎在马戏团中很受重视，驯养员每天对它精心饲养，严格训练。小老虎十分聪明，在驯兽员的训练下常常会有出人意料的表现，为此驯养员对自己的工作也

很满意。

　　渐渐地，小老虎一天天长大，可是驯养员却忽略了这一点，还是每天只给它吃一斤牛肉，但是此时的小老虎对吃一斤牛肉已经不够了，但它还是非常配合驯养员进行训练。

　　驯养员似乎没注意到小老虎已经长成了大老虎，并且食量也大增了，仍然每天给它一斤牛肉，小老虎常常饿得头昏眼花，在表演中不时对着驯兽员吼叫，暗示它太饿了，可是驯养员只顾接受观众的掌声，没有在意到它的叫声。

　　一次，驯养员刚刚喂完老虎一斤肉后，让它在台上做精彩表演，老虎已经饿得不行了，在全场观众的热烈中，直接向驯养员扑了过去……

　　在营销活动中，没有哪位顾客的需求是一成不变，如果忽视了客户的需求变量，你就可能陷入冷遇，甚至导致双方失和，从而导致失败。

　　中小企业一定要对市场有正确的把握。

积极有效地向顾客推销新产品

　　对新产品的推销，一定要采取正确的策略，要有科学的策划，只有这样才能达到事半功倍的效果。

推销产品要懂得迎合消费者的心理。

在宝洁公司刚开发出一次性纸制尿布之初，对尿布市场前景信心百倍。纸制尿布可以免去年轻母亲清洗婴儿尿布的麻烦，而且节省时间，这在凡事讲究效率的现代社会无疑是个令人兴奋而又了不起的发明。于是，宝洁公司在将纸制尿布推向市场进行信息输出过程中，便把该产品的优点作为销售特点反复强调，期待着年轻父母们能够蜂拥而至，抢购一空。

然而，结果却令人沮丧，消费者的反应并不像预期的那么热烈。宝洁公司经过仔细分析之后认为：首先，针对特定消费对象没有错，尽管该产品的最终消费者是婴儿，但显而易见，购买尿布却是父母们的专项权利。其次，把广告重点放在方便和实用上也没错，那么问题的症结到底在哪里？

宝洁公司为此做了一次市场调查。调查结果是：宝洁公司自以为最先进、最了不起的产品优点，对消费者并不具有说服力。也许其优点在某种程度上能满足消费者的某种需要，但并不一定能迎合他们的某种心理需求。尽管纸制尿布的优点的确能给消费者带来一定的方便，然而宝洁公司过分强调方便，却使年轻母亲们普遍产生了逆反心理，产生了一种对婴儿的负罪感，认为贪图方便的母亲就是一个懒惰的、不负责任的母亲。由于这样的心理原因，才使得纸制尿布难以顺利推广。

既然母亲们以为照顾婴儿不该只图方便而不求"质

第 四 章

量"，那么产品的信息输出策略的重心自然应该由对父母有好处的诉求转变为对婴儿有好处的诉求。也就是说，不应该把纸制尿布定位成年轻母亲们的用品，不应该像以前那样仅仅一味宣传该产品能给母亲们带来方便。于是，他们把宣传的目标定为：该产品对于婴儿来说是一种非常先进的尿布，是一种比布更柔软更吸水而又能使婴儿更干燥的现代式的尿布！这一推销策略立即扭转了年轻父母们对宝洁公司纸制尿布的态度。宝洁公司的纸制尿布开始在尿布市场上风行起来。

现代社会生产高度发达，商品极大丰富，琳琅满目，人们选购商品的余地空前扩大，消费者往往根据自我喜好和公司形象来选择商品。所以，经营者要想在竞争激烈的市场环境中突出自己产品的良好形象，就必须善于发现和挖掘出消费者的心理特征，把握住他们的感情倾向。

新产品的推广既要求企业进行周全的策划，又要求企业具备组织策划、宣传活动的能力与水平，以最小的投入形成最大的推广宣传效果。

如今的饮料市场品类繁多，而在南京市场一向以茶饮料与果汁型饮料为主。时值秋季，在饮料市场日趋平和的情况下，统一集团有限公司在南京推出"雅哈"咖啡。针对咖啡市场而言，"雅哈"的竞争对手主要是"雀巢"、"摩卡"、"超级"等品牌，且这些品牌在市场已拥有一部分固定的消费者。而"雅哈"咖啡面向的主要消费群是刚刚大学毕业的职场人士，他们强烈期望被社会认同，渴望成功，是最注重潮流文化的社会新派。他们看各

中小企业营销指南

种时尚、新锐杂志，有广泛的生活情趣及较高的素养。因此，为"雅哈"塑造一个坚信"明天会更成功、理想一定会实现"的品质理念，显得尤为重要。

为了达到上述目的，"雅哈"通过前期户外灯箱联动，使品牌造势取得成功。于是在后期，"雅哈"采用电波媒体等宣传形式来完成品牌内涵的传递和产品促销，并让消费者参与相关的时尚活动。同时，"雅哈"咖啡借助活动诠释消费者在喝咖啡时的种种"随时"心情，并引入咖啡话题，营造让消费者拥有"随心随行的咖啡馆"的品牌主张，结果，"雅哈"咖啡获得不俗的销售业绩。

以上案例说明：一个新产品的推广计划在新产品上市时至关重要。

事实证明，凡是新产品推广较好的公司都有其推广计划，并按计划一步步进行落实，而一些推广不好的公司则是由于公司将新产品分给经销商就万事大吉，没有采取其他积极的推进措施。

产品投放要选对时机

一个产品能否在市场上取得轰动效应，获得较高的市场占有率和利润，与产品的投放时机有很大关系。

水溶C100柠檬饮料（以下简称"水溶C100"）是农夫饮料集团公司在2008年推出的饮料产品，一经推出就以它独特的包装、良好的口感和营养美容功能赢得了众多消费者的心，迅速在饮料市场上取得了辉煌的业绩。据了解，当年农夫水溶 C100 一个季度的销售额就达到 1 亿元左右。

水溶 C100 获得如此大的成功，除了它的许多自身特点之外，与它的投放时机恰到好处也有很大关系。水溶 C100 选择在 2008 年 3 月前后上市，当时春夏交替，人们的户外运动时间增多，需要一款健康又具有美容效果的饮料问世。更关键的是，当时正值北京第 29 届奥运会举办前夕，来中国的国外游客增多，为饮料市场开拓了更大的空间。这两个有利的条件都促使水溶 C100 迅速走俏市场，使企业收获颇丰。

在水溶 C100 上市之后，市场上出现了很多模仿产品，但是水溶 C100 仍保持了一定的市场优势。水溶 C100 的成功证明了一个选好了投放时机的产品，会给企业带来巨大的效益和市场优势。

一定要找到一个最佳时机，如果时机判断不准，提前或者滞后，都会丧失占有市场主动权的机会，并可能导致一个很好的产品受到市场的冷落和漠视。

选择新产品的最佳投放时机，首先要考虑到产品自身的特点，消费者对于产品的选择是有一定的季节性和时段性的。比如冬季人们才会去购买棉衣、皮革制品，这类产品就非常走俏；而夏季，人们通常都会大量消费饮料和冷饮，只有这一阶段才是这类产品的旺季。另外，人们只有到中秋节才会去买月饼，只有在元宵节才会买元宵或汤圆，如果错过了这个时机，那么这类产品在市场上就会无人问津。所以，每个产品的消费都是有时段的，一定要把投放产品的时机和产品适合的时段结合起来，否则就达不到理想的利润额度。

　　此外，投放产品还必须考虑到社会潮流和文化影响。比如一段时间韩剧非常流行，很多商家就投放很多韩式服装和用品到中国市场销售，结果受到年轻人的喜爱和追捧；台湾的漫画一度在大陆流行，很多商家就引入了漫画中出现的台湾小吃和零食，结果也大获全胜。所以，投放产品也要抓住潮流和文化时机。

　　一个有市场价值的产品必然会有许多的竞争者，要先于还是后于竞争者推出是一门学问。什么时候进入市场，一般来说有两种选择，一种是争取进入一个新产品市场，另一种是让竞争对手先进入市场，而后等那个市场证明可以发展就紧跟其后。

　　第一个吃螃蟹的人最能吸引目光。创新性产品在市场出现时是比较新奇的，因此，比后来者更能吸引顾客和经销商的注意。而且，创新性产品的宣传不会受到竞争者的干扰，甚至从长远来看，后来者必须花费更多的广告费，才能达到与开拓者同样的效果。

　　路是人走出来的，走的人多了就成了路。但是第一个走的人把路线先给定了，后面都走的是他走过的路，所以开拓者能够给经销制定标准，占据最佳的位置或挑选最佳的经销商，这样就能更容易地接近顾客。

　　具体选择哪条路线，一是要分析自己的状态，二是要采取相关的对策。既要看自己的人力、物力和财力，又要看自己能否拿出创新产品来开拓市场；既要看对市场竞争者的产品品质是否了解，又要看本企业的力量是否能做一个开拓者。如果这些方面都具备，那么就可以做一个先入者。不具备条件的话，能够发现开拓者未覆盖到的局部地带，集中精力开发，仍有可能赢得丰厚利润，甚至超过市场先入者。

虽然市场领先者的优势确实存在，但这并不意味着后来者将失去所有赢利的机会。只要采取合适的策略，市场后来者可以将不利条件变为有利条件，从而在市场上占有自己的一席之地。做一个后来者可以借助先进厂商的产品经验，利用新科技创造新型改良产品，比先进厂商以更大的规模投入生产，节省消费者的认知时间。

总之，要把握住产品投放市场的时机这个关键，综合考虑各种因素，只有这样才能达到预期的效果。

第五章 了解对手 超越对手

知己知彼百战不殆

"知己知彼，百战不殆。"这句话的意思是说充分了解自己和对手的具体情况与作战方法，才能够屡战屡胜，所向披靡。商场如战场，在商业竞争中，同样只有了解对方的具体情况，才能够制定正确的营销策略。也就是说，商业竞争胜败的关键在于能否事先具体地了解对方的情况。

"非常可乐"是娃哈哈集团公司开发的可乐品牌，是唯一能对抗洋品牌的民族品牌。到 2003 年年底，非常可乐年产量已超过 60 万吨，在全国碳酸饮料市场的份额达到了 10%，与可口可乐、百事可乐在市场上形成三足鼎立之势。

非常可乐能有今天的成就，与它成立之初深入详细地了解竞争对手的情况，根据自己的实力进行全面而充分的准备，真正做到了"知己知彼，百战不殆"是分不开的。

20 世纪 90 年代末，中国市场的碳酸饮料全部都是洋品牌，美国的可口可乐和百事可乐瓜分了中国全都的碳酸饮料市场,这两大饮料公司实力雄厚,经验丰富,管理机制健全,生产设备完善,而且在消费者心目中已经建立了比较牢固的印象。因此,面对娃哈哈集团公司开发中国自己的碳酸饮料的决定,很多人都嗤之以鼻,认为他们是痴人说梦,更认为国产品牌不可能打败实力强劲的世界财团。

但是娃哈哈集团公司的上层主管并没有灰心,而是作了一系列详细的市场调查,他们派出工作人员,对可口可乐和百事可乐的消费群体和市场进行了全面而深入的调查。在调查当中他们发现,可口可乐和百事可乐虽然已经占领了绝大部分市场,但也并非是无懈可击。首先,因为它们是国外品牌,虽然它们采用本地移植的方法进行生产,但是很多材料和设备都必须从国外进口,这样就大大增加了饮料的生产成本,提高了饮料的市场价格。百事可乐和可口可乐当时的市场价格是每瓶5元和3元。这对于当时月收入不超过千元的普通百姓来说,是比较昂贵和奢侈的消费。其次,可口可乐和百事可乐的目标市场大多集中在广州、上海、北京这些经济发达的大城市,却几乎没有介入和参与经济落后的城市和偏僻的农村市场。最后,百事可乐和可口可乐都是洋品牌,缺乏本土文化的根基,也缺少和中国市场融合的经验与人才,这也让他们失去了一部分消费者。

经过分析研究,娃哈哈集团决定推出中国第一个自己的民族碳酸饮料品牌"非常可乐",和可口可乐、百事可乐一决高下。他们针对百事可乐和可口可乐在中国市场上的一些缺憾和不足,经过自己的研制和调整,推出了完全采用本土化生产的"非常可乐"。其原料、人工、设备都来自国内,从而大大降低了生产成本。而且"非常可乐"在宣传上打出"中国人自己的可乐"这样的民族牌，获得了很多中国人的情感认同。更重要的是，它的价格比可口可乐和百事可乐低大约20％，这样，更符合中国大众的消费水平。在销售渠道上，"非常可乐"除了进入经济发达、人口集中的大城市之外，也没有忘记农村市场和偏远市场的开发。他们通过销售人员将"非常可乐"带到了农村市场，获得了很大的收益。

结果，在"非常可乐"推出的当年就获得了很大的成功。1998年下半年"非常可乐"系列销售额约1.5亿元，整个夏季产品供不应求。在一些省份，市场占有率平均达到15％，紧跟在可口可乐之后，位居百事可乐之前。

"非常可乐"的成功证明，只要能够事先对市场作充分的调查分析，做到知己知彼，就能够创造市场营销的神话，在激烈的竞争中"百战不殆"。

在现实操作中，要做到知己知彼需要以下几个步骤。

第一步是深入详细地了解对手的情况。比如对方的实力、特点、经营方法、宣传手段和销售手段等，都要作详细的调查和了解。作为一名成功的营销者要懂得想方设法去了解和掌握自己所需要的信息。比如，有些企业在一段时间内非常重视宣传广告，而且经常参与各种社会公益活动，名声做得很大，这可能预示着下一步有自己的新产品问世了，这是在为新产品的推出而造势，那么企业就可以相应的采取一些措施，比如加快新产品的研发或者增加促销活动等，以免被对方打个措手不及。

第二步要有犀利的眼光和准确的判断力。要有识破对方假象的能力。很多营销者为了迷惑对手，可能会故意做出一些假象，来误导对方，但是他们自己却"明修栈道，暗渡陈仓"。因此，在了解对方情况的时候，一定要深入、详细、具体，不能被一些表面假象所蒙蔽。比如，有的企业可能想投资一个新的领域，但是为了不让对手知道，他们可能就会制造出一些假象，如抛售一些股票，减少一些投资等，让对手误以为他们要缩小规模，但是在对方大意的时候，突然扩展一个新项目。

第三步就是制定对应的策略。在对竞争对手的信息进行了调查、了解、分析之后，要制定相应的策略并保证正确地实施。有些企业在知道了对方的情况之后，也不能作出及时、正确的反应和防御，以至于失去了最好时机，结果反被对方胜出。

只有了解对手，才能胜过对手，这是市场竞争的一个法则。

动态地看待竞争对手

企业需要不断发展，其竞争对手也会发生变化，因此，一个企业在发展自身的同时，也要关注竞争对手的变化。

浙江绍兴有一家老牌纺织服装企业，感受了这几年外贸竞争的激烈，开始考虑建立自己的品牌，进行国内市场营销，但国内服装市场，从西装、女装到休闲服装都有全国性的强势品牌，再加上国际服装品牌越来越多地进入中国市场，市场竞争在不断升级。所以，该企业不敢贸然进入，而是先安排高层到全球各地市场考察，一方面了解纺织服装的新趋势，另一方面开阔自己的眼界。最后，企业选择了泳装作为突破，并选择中高档泳装切入国内市场。

中国的服装行业经过几十年的发展已日趋成熟，企业众多，但发展极不均衡。男装市场是中国服装发展得较好的市场，无论在品牌打造还是在渠道建设上都较女装、休闲装和内衣等行业更为成熟，并逐渐形成了雅戈尔、罗蒙、杉杉等一大批国内著名的男装品牌和宁波、温州、泉州等庞大的产业集群。男装品牌集中度较高，产业集群化发展速度较快。前十名品牌占据全国近50%的市场份额，其中雅戈尔市场综合占有率超过10%。国内女装市场则呈现出百花齐放的局面，品牌众多，各品牌之间差距不大，众多企业竞争激烈。而泳装的中高端市场还处于空缺状态，国内市场只有浩沙等有限的几个品牌，国际大品牌泳装也只在少数渠道才能看到。毕竟国内泳装市场还处于待开发状态，相比于其他体育运动服饰，泳装市场的规模潜力也有限，让许多大牌企业并不热心于这一市场的竞争。这些都为这家企业较容易地切入国内市场提供了可能。该企业进入中高档泳装市场，更重要的是挖掘消费者潜在需求。

后来，该企业通过切入中高档泳装市场，奠定了自己在行业中的地位。

企业要随时关注主要竞争对手的动态，只有全面而深刻地了解竞争对手的信息，才能在洞悉竞争对手竞争战略、竞争策略、营销方式、产品特点的基础上，运用综合的定位技术，与竞争对手进行有效的区分，从而在消费者心目中建立清晰的品牌形象，准确切入市场。

一个企业最直接的竞争者是那些处于同一行业的其他公司。这些公司在目标市场、产品类型、质量、功能、价格、分销渠道

中小企业营销指南

第 五 章

和促销战略等方面几乎无差别，任何一家公司的竞争战略都会受到其他公司的高度关注甚至是强烈反应，所以要全面认识对手，做到知己知彼。

众所周知，在通信领域，华为和中兴是竞争对手，因为这是同一地域同一领域上的竞争，两个同处深圳的企业彼此虎视眈眈，心怀叵测。

1998 年以前，在接入网市场上，中兴曾一度遥遥领先，而华为望尘莫及。但是，不过一年时间，华为在接入网市场上的份额就超过了中兴。1999 年上半年，华为在接入网市场上赢得了决定性的胜利。从此，中兴再也没有翻身。显然，在激烈而残酷的竞争中，华为胜多负少，注定了要成为最后的胜利者。

在程控交换机市场领域，随着华为从市场跟随者到市场挑战者角色的转变，华为盯准了另一个竞争对手，那就是上海贝尔。

1995 年，华为刚开始进入程控交换机市场时，非常弱小。那时的华为，不过是一个微不足道的市场跟随者。但是，由于自身产品的缺陷，以及上海贝尔早已建立的牢不可破的市场优势，华为始终无法直接在程控交换机市场战胜上海贝尔。于是，华为采取了避实就虚的策略——攻占农村市场及东北、西北、西南的落后省市。华为的用意非常明确：一方面限制上海贝尔进入农村市场，一方面挤压以程控交换机为主导产品的上海贝尔的利润空间。

1998 年，华为以 71.8 亿元的销售额排名电子百强企业第 10 名，首次超过上海贝尔，这大大增强了华为的信心。由此，华为私下宣称不再把上海贝尔作为主要竞争对手。1999 年，华为以 102 亿元的销售额再次名列第 10 名，巩固了相对上海贝尔的领先地位。

在不同的发展阶段，不同的产品市场，华为首先会明确识别自己的竞争对手是谁，并在清醒认识自身所处竞争地位的基础上，制定相应的竞争策略。

一个企业竞争者的范围是很广泛的。在动态竞争环境中，目前不起眼的对手或者有进入本行业企图的大公司，说不定就是未来强劲的竞争者。所以，公司被潜在竞争者击败的可能性往往大于现实的竞争者。

中小企业要动态看待对手，不要盯着眼前的竞争对手不放，而忽视了其他的潜在对手。

跟踪竞争对手

在销售过程中，总是存在来自竞争对手的威胁，因此企业要小心行事。虽然像专利和商标这样的手段可以适度地阻止竞争对手，但是竞争对手合法的竞争也会给你带来一定压力和打击的。竞争对手总是准备剽窃企业的创意，抢走企业的客户，甚至挖走企业的精英。所以，企业必须关注竞争对手的动向，必须掌握竞

争对手的市场行动!

商场如战场,在商场上必须重视自己的竞争对手,分析竞争对手的信息,分析对手可能采取的行动,才能有针对性地采取措施,避免失败。

1975 年,美国布列斯托一梅耶公司推出一种叫做"速驱痛"的非阿司匹林止痛剂的新产品,"速驱痛"与老牌产品"泰乐"相比,效用相同但价格低廉。生产"泰乐"的约翰逊公司当即作出了降价、秘密交易和大举竞销等各种反应,"速驱痛"在价格和新颖性上的优势迅速被压倒了。布列斯托一梅耶公司没有预见到竞争对手的反应。这一失误导致了其市场的丧失和对新产品成功期望的破灭。

只有对竞争对手时刻保持警惕,才能获得更多的机会,才能在竞争中领先一步和获取新的竞争优势。

在彩色胶卷市场,美国柯达公司长期占据美国市场的"霸主"地位,其他同类公司只有甘拜下风。但是,自进入 20 世纪 60 年代以来,柯达公司受到了日本富士公司强有力的挑战。1984 年,富士公司不惜花巨额美元,争取到洛杉矶奥运会组委会确认的指定产品标志,并获得在奥运会新闻中心设立服务中心的权利,奥运会期间,富士公司绘有奥运会五环标志和富士公司标志的绿色飞艇,一直飘在奥运会主赛场的上空,柯达公司在

中小企业营销指南

自己的家门口着实被羞辱了一番，富士公司的胶卷由此抢去了美国市场 15% 的份额。

市场竞争的挫折，使柯达公司重新认识了它的对手，柯达公司将注意力集中到富士公司，密切注意它的行踪，富士公司的每种产品都要被柯达公司收集，送到实验室进行分析研究，以发现其中的奥秘。富士公司胶卷冲出来的照片比柯达公司的产品鲜艳得多，虽然颜色有些失真，但却受到普通顾客的欢迎。1986 年，柯达公司学习富士公司的做法，也推出 VR-G 型胶卷，颜色比老产品鲜艳了许多。

一个企业能否做到知己知彼，关系到竞争的成败，只有真正了解了对手，才能知其长处，攻其弱点，最终战胜对手。

企业跟踪竞争对手有八种基本方法。

一是与竞争对手沟通。竞争对手不会向企业透露他们的商业秘密，但是有时能够通过交朋友、作为潜在顾客，从而发现他们的市场计划。当然，有时候和竞争对手讨论一些问题比如同行业共同关心的一些问题，在某种程度上也能了解竞争对手，但是必须要记住，当你了解他们的时候，他们可能也正在了解你。

二是与竞争对手的顾客沟通。可以从他们的顾客那里发现许多相关信息，但这并不是一件很容易的事，可以通过与顾客面谈或者发送一些调查问卷给竞争对手的知名客户，了解竞争对手业绩优异的背后原因。

三是参加展览会。这是一种有用的方法，能让企业跟上所处领域的最新进展，也会提供一个机会来感受竞争对手。

四是关注媒体。竞争对手多是成功的企业，成功的企业经常向媒体推介自己。企业通过搜集大量的剪报，可以建立起某个企业的档案。

五是关注竞争对手的广告。从竞争对手的广告活动中可以看出他们会提供什么特殊报价、折扣或返点，他们在什么地方做广告，他们怎样设计自己产品的卖点。

六是搜集竞争对手的资料。像企业年报、促销传单、宣传小册子、产品报价单等，通过这些资料了解一些信息，通过分析研究发现他们的一些秘密。

七是访问竞争对手的网站。去看看他们在网上的所作所为。

八是对其产品进行样品采购。想要知道梨子的滋味，就要亲口尝一尝。通过试用对方的产品，与自己企业的产品进行比较。

在商场上，企业经营者也应该像战场上的侦察兵一样，去了解、分析自己的竞争对手，了解同行的经营目标、产品开发、市场营销、人才战略等情况，这样才能提出相应的对策，使自己始终处于主动地位。

营销说到底就是市场竞争，在激烈的市场竞争中，每一次出击都要保证准备充分，万无一失，即所谓"不打无准备之仗"，事先了解对方的信息和情况是你获取胜利的有力保证。

打造竞争优势

跟踪竞争对手是营销的一种武器，领先于竞争对手的一个重

要方法，就是发展一种竞争性优势。

对于很多产品来说都是标准化的，好像没有什么区别，普通人的感觉一包打印纸总是和另一包一样的。然而，即使企业的产品类似，甚至和主要竞争对手的产品一样，企业仍然可以通过培养一种竞争优势来把两者区分开，即：提供一些客户认可并有价值的东西，这些东西可以使企业区别于甚至优于其他公司。

美国耐克公司（以下简称“耐克”）利用自身的优势，从德国阿迪达斯公司手中夺走了运动鞋“霸主”的宝座。耐克公司只是从事鞋业研制的贸易公司，并没有自己的生产实体，也就是无须在生产设施上投资。当他们把生产转移到工资成本低的亚洲地区的时候，而阿迪达斯的大部分产品却在工资成本高的欧洲生产，显然在产品的成本上无法与耐克竞争。耐克将资金集中在产品设计上，平均每年推出100个新样式。在生产流水线上耐克鞋约有1 000种样式，几乎每五个月就换系列。而阿迪达斯由于资产结构上的分散，无力集中资金开发新产品，在与耐克的竞争中已无优势可言，只得将“霸主”的宝座拱手相让。

一个企业要在行业中领先群雄并不需要在每一项职能上都明显地占优势，只要在某个关键性职能上占绝对优势。这里的关键是企业必须将拥有的优势不断用来压迫竞争者，使之无法缩短双方的差距，从而在竞争中保持持久的优势地位。

打造什么样的竞争优势，其主要来源于哪些方面呢？

一、服务质量

每一个客户都希望获得高质量的服务，其中部分客户也愿意支付高价。企业并不一定要把质量作为卖点，但是企业的质量承诺必须实事求是，千万不要用不切实际的质量承诺来刺激客户的需求，否则企业会因为提供了劣质产品而遭受重大损失，这就是所谓的口碑效应。

把服务质量作为卖点能够打造出一种竞争优势，这种优势有可能让企业超越原来领先于自己的知名公司。

二、灵活性

企业应该把自己的规模不大当做一种优势，而不是弱点。小公司更加灵活，不会有严重的官僚主义，市场反应也更灵敏，能够提供个性化的服务，或者提供比大公司更加精细的产品。在实际操作中，小企业不应当总是去想或试图抢夺那些大型业务。

三、个性化服务

中小企业的营销领导可能会比大企业的营销领导更了解工程的进度或细节，这就是企业的优势。企业必须了解自己的顾客，与他们沟通时要表现出对他们的兴趣，让客户感到自己的重要性，同时要为他们提供真心的关注和个性化的服务。

四、重视成本差异

一些中小企业的经常性支出相对较低，也没有大的支出项目，这样，他们就可以在同样的价格标准下比竞争对手提供更好的服务，然后，企业可以向客户解释是如何做到费用更低却提供相同的甚至更好的服务的，企业要充分利用这一点。

五、企业形象

企业形象是竞争优势的重要来源，这也是大公司在公共关

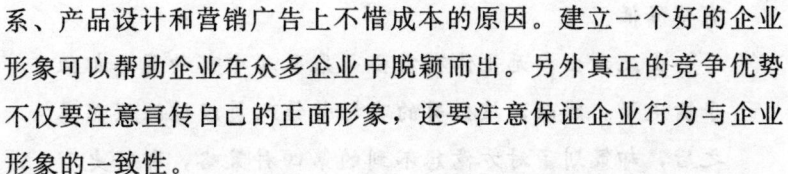

系、产品设计和营销广告上不惜成本的原因。建立一个好的企业形象可以帮助企业在众多企业中脱颖而出。另外真正的竞争优势不仅要注意宣传自己的正面形象，还要注意保证企业行为与企业形象的一致性。

中小企业要善于挖掘自身的竞争优势，这是企业不断走向成功的法宝。

分析对手定价谨防价格陷阱

价格策略也要适时而动。价格相对稳定是企业经营的基本原则，变化频率过快易失去消费者的信任。但是，相对稳定并不是说不能变化，只要时机合适，仍然能利用价格因素直接获利或达到排斥竞争者的目的。

休布雷公司是美国生产和经营伏特加酒的专业公司，其生产的史密诺夫酒在伏特加酒市场享有较高的声誉，市场占有率达 23%。20 世纪 60 年代，另一家公司推出一种新型伏特加酒，其质量不比休布雷公司的史密诺夫酒差，每瓶价格却比它低 1 美元。

面临对手的价格竞争，按照惯常的做法，休布雷公司有三种对策可以选择：一是降价 1 美元，以保住市场占有率；二是维持原价，通过增加广告费用和推销支出与竞争对手相对抗；三是维持原价，听任自己的市场占

有率降低。

由此看出，无论休布雷公司采取其中哪种策略都似乎输定了。然而，该公司的市场营销人员经过深思熟虑之后，却策划了对方意想不到的第四种策略，即将史密诺夫酒的价格再提高1美元，同时推出一种与竞争对手新伏特加酒一样的瑞色加酒和另一种价格低一些的波波酒。其实这三种酒的品质和成本几乎相同。但实施这一定价策略却使该公司扭转了不利局面：一方面提高了史密诺夫酒的地位，使竞争对手的新产品沦为一种普通的品牌；另一方面不影响该公司的销售收入，而且由于销量大增，使得利润大增。

我们再来看看一个因为定价策略失误，而导致失败的中国企业。

春都火腿肠作为中国西式肉制品的第一家，自1986年从日本引进了中国第一套火腿肠生产线后，曾经以火腿肠为主营产品引领中国肉类行业很多年，特别是20世纪90年代初更是家喻户晓。

然而1995年同在河南的双汇火腿肠却把春都火腿肠几乎挤出肉类食品行业。双汇作为行业的后进者和跟随者，它已经省去火腿肠在老百姓中间推广的环节，在双汇火腿肠投产伊始就把工作重点放在产品营销上以及有针对性地与春都竞争和抗衡上。

双汇在一开始就把100克火腿肠中的猪肉成分由

中小企业营销指南

85%调低到70%（其他成分为淀粉、油、盐、味精等），价格也随之由每根1.1元调低到9角钱，但仍有10%产品保持着原来的成分比例及售价不变。春都火腿肠这时一直在关注双汇的动向。当春都火腿肠知道双汇的降价信息后，立即也调低了自己的火腿肠猪肉比例以及售价，但是全部产品都调到了这个档次。双汇一看春都上钩了，就不停地下调火腿肠的品质和价格，双汇每调一次，春都就忙着跟进，最终，春都火腿肠的价格也降到了5角钱一根。但是春都怎么也没想到：双汇火腿肠里的猪肉成分每调低一次，这种档次的火腿肠产量就减少一些，由最初的90%变为80%、70%、60%……最后当它的价钱降到5角钱一根时，这种品质的火腿肠仅占10%，其他90%的火腿肠仍然维持在85%的成分比例及原来的价格上。

双汇集团在广告中大力宣传这种低价、低质的火腿肠，但是你进超市一看，各种档次和价格的双汇牌火腿肠都有，想吃便宜的就买5角钱一根的，想吃好的，选择余地也会很大。而春都火腿肠却全部降到了这种品质和价位上。就这样双汇在不停地给春都设下"价格"的圈套，一步步把春都带进只重视价格而丢掉产品质量的陷阱。

当春都火腿肠意识到上当之后赶紧恢复"高质高价"火腿肠的生产、销售时，为时已晚，经销商也不进春都的货了，顾客已经不吃春都牌火腿肠了！

竞争者的价格对企业定价的影响很大。要对竞争对手的反应采取及时准确的对策，关键在于及时准确地了解竞争对手的价格和产品特点。

不要陷入价格战

一些企业认为只有低价才能销售产品，一味地追求低价，利润低到冰点，稍有闪失便陷入困境，其实，这并不是一个高明的策略。

在泰国首都曼谷的一家珠宝店中发生了一件有趣的怪事。

由于珠宝店一下子购进了大批漂亮的绿宝石，几个月过去了，珠宝店都没卖出几件，使得大量资金不能很好流通。为此，珠宝店想尽快将货物脱手。

可这时，老板有一件很急的事要离开曼谷几天，但他十分担心店中的销售、资金周转问题，临行前留下一句话："如果我走后销路不畅，你们可按二分之一的价格将这批货尽快销出去。"岂知他的下属听他留话时有点漫不经心，把话听错了，误以为老板是让以原先价格的两倍出售。虽然自己也觉得不合情理，但是老板这么说，也只好这么记住。

老板走后，绿宝石的销量不见好转。下属想起老板留下的话，便以两倍的价格出售这些珠宝。然而，偏偏

怪事就发生了，提价后销量反而大增。待到老板回来时，宝石竟然销售一空。

一般来说，对于日用品，消费者更多看中的是物美价廉。但对于那些首饰，过低的价格反倒不能满足消费者的炫耀心理。所以，价格提高后，便能提高产品的销量。

研究表明，通常人们不可能在不知情的情况下将功能类似的便宜产品和昂贵产品区分开，比如一种薯条的味道和另一种非常接近。但是，如果让被测试者在测试中看见了价格标签，他们就会说更喜欢贵一点的那种薯条。因为，他们知道它价格更高，所以就想当然地认为它更好吃一些。在一项测试中，让被测试者品尝同一种葡萄酒的三个样品，但是对他们说三种酒是不同的，一种价格便宜，一种价格中等，一种价格较贵。结果是价格越贵的酒测试者对其评价也越高。

有时候，由于竞争激烈，大多数企业陷入了价格战，而回过头来看结果，还是那些没有卷入价格战的企业获利最大。

低价格将会给企业带来如下几个问题。

一是会影响企业的生存。低价销售的利润空间非常有限，只能寄希望于薄利多销。但在很多情况下这样做的代价就是导致市场低迷，可能会让企业陷入困境。面对困境，企业要么抬高价格，但价格一旦升高，销量肯定会下降；要么降低质量，而一旦质量水平下降，企业就会失去信誉和失去顾客。所以，产品不要卖得过于便宜，以免陷入困境。

二是会影响企业的形象。低价通常是和低质量相提并论的，所以，过低的价格对企业形象不利。事实上，顾客可能愿意为相

同的产品支付更高的价钱，因为他们觉得"便宜没好货"和"一分价钱一分货"。

三是影响顾客的需要。人们不是因为价格低而购买，而是因为需要才去购买。企业目标应该是以适当的价格满足顾客的需要。一个便宜的收音机如果经常坏，那它就没有用处，同样，一个过于昂贵的收音机（让人买不起）也一点用都没有。一个中等价格且性能良好的收音机才正是顾客想要的产品。企业要制定出一种"黄金"价格，既不是很便宜，也不是很昂贵，而是正好符合顾客的期望值。

四是会引发价格大战。如果企业以低价形象进入市场，或者大幅度削减价格，那么可能会在这一市场中引发价格战。通常，更有实力的对手在降价上也更有空间，他们更愿意用价格战将其他企业挤垮。

五是会导致便宜也不受欢迎。产品销售可能会受到很多因素的影响，其中因素之一就是价格。但是，价格最便宜并不能保证销售量最大，也许企业提供的其他优惠更能使产品畅销。如果为了提供最便宜的产品而将价格降到不能再降的地步，企业可能会被另一家价格稍高、优惠却更多的企业击败。一般而言，消费者更认可一种价格适中的产品。

产品价格要根据竞争对手来综合考虑，但不要盲目追求低价格。

第六章　张扬个性
扬长避短

突出差异成就自己

　　每个人都有强烈的好奇心，对于习以为常的产品，大多数消费者可能会不屑一顾，但是对于那些有特点、有特色的产品，消费者就会趋之若鹜，这是人的心理特点，也是消费者的消费特点，如果能够抓住消费者的好奇心，让自己的产品时刻处于被关注的位置，那么企业的营销就能够长盛不衰，这就是差异营销产生的基本理念。

　　所谓"差异化营销"就是企业在营销过程中，结合经营条件和所处的经营环境，采取一定的措施在某些方面突出自己产品的特色和风格，与其他同类企业产品相比表现出明显的差异化，也就是说企业在强手如林的市场中，千方百计突出自己产品的特点和独特之处，拉开自己和其他企业产品的差距，在竞争当中站稳脚跟。

　　差异化营销不仅要力图体现出"异"，而且更要体现出

"优"，要差异得有质量、有内涵，千万不要因为过分地追求差异而忽视了对产品品牌的打造。要知道消费者无论如何也是不会接受一个质量差而怪异的产品的，消费者的好奇心永远建立在产品质量优良且满足需要的基础上。

星巴克咖啡店初建立于1971年，位于有"不眠之夜"之称的西雅图。刚起步时星巴克只出售完整的咖啡豆和咖啡机，那么星巴克是怎样从西雅图一家小型地方咖啡店发展为豪华高雅的全世界著名的咖啡店呢？

星巴克咖啡店经营的与众不同之处就在于它创造了遍及全美的统一店面设计风格，营造了一种自然与环保意识的氛围。星巴克通过仿效现代设计精良的办公室和图书馆等改变了传统咖啡馆在人们心目中的印象。但它的美学并不止于此，它还融入了自己的风格。

它对每一类型的咖啡都有其不同的包装设计，每一类型都有它的标记、人像、主题色和图形，这些不同的标记在基本统一的风格下又显示出其多样性和变化性，看上去像广告艺术和装饰艺术。

1996年，星巴克咖啡店为了进一步吸引人们的兴趣，还有计划地推出了系统的、有组织的、整齐的形象，同时又加入了变化，创造了视觉冲击，再一次掀起了咖啡狂潮。

消费心理学指出，只有突出产品的差异性，才能树立一个与竞争者不同的产品形象与品牌形象，才有利于消费者识别、比较和接受。

在现代市场竞争中，差异化营销作为一种有效的手段，在各个企业当中的应用越来越广泛，能否成功演绎"差异化营销"已成为企业能否具有竞争实力和夺取市场份额的前提与保证。如何体现差异化，体现自己的特色呢？可以从以下几个方面入手。

一是突出产品差异。产品是营销的根本，也是差异化营销的突破口，要从产品的包装、型号、尺寸等方面取胜。

二是突出技术差异。使用专利技术、最新科技，让产品处于领先地位，让其他竞争者难以赶上。

三是突出宣传差异。即在宣传方法上的差异，如何利用最有特色的宣传，让企业更快地渗入市场，让消费者更快地接受，是宣传差异的主要任务。

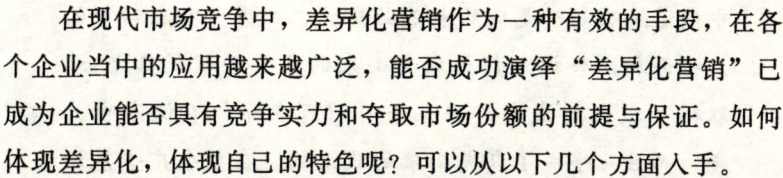

农夫山泉作为中国著名的饮料品牌，其整个营销过程完美体现差异化经营的真谛。"农夫山泉有点甜"，自从有了农夫山泉，默默无闻的水市场便多了关注的目光，农夫山泉从这些关注中获得了最大的商业利益。农夫山泉能够走红市场，其中的奥秘就在于差异化营销。

首先，体现在市场切入点的差异化。市场切入点除某些特殊市场外，农夫山泉基本上在所有的市场上都是从最易受影响、对新事物最敏感的群体切入。农夫山泉广告的重点对象是学生和运动员。原因很简单：学生最容易受影响也是最好的品牌传播者；运动场是最容易让人关注的地方。因此，它也不可避免地成为农夫山泉的广告场地。

其次，体现在广告宣传的差异化。农夫山泉在行业中能迅速崛起既是偶然也是必然的。口感"有点甜"的广告语和广告诉求作为农夫山泉的主要营销策略之一，取得了极大的成功。时至今日"有点甜"不仅家喻户晓，而且几乎成了农夫山泉的代名词。在整个广告策划过程中，公司从没有邀请一个影视明星做代言人，而是靠切切实实的强调产品自身的特点来制定策划方案，通过差异化的营销策略，在激烈的市场竞争中站稳了脚跟。

总之，差异化营销的根本就是在众多的市场竞争者当中让消费者注意，让大家认可，差异化营销就是要制造一个亮点，成为众人瞩目的焦点。要做到这一点，必须真正做到"人无我有，人有我优"，要靠自己的创意和实力去实现差异化，实现优秀的品牌塑造。虽然这是一个艰苦的过程，可一旦成功，带来的效益是无穷的。

独树一帜赢得顾客青睐

当今世界市场，商品琳琅满目。可以说，每一种商品经营者越多，因受市场容量所限，必然会出现"僧多粥少"的现象，市场竞争越来越激烈。随之而来的是，竞争者因相互掣肘力量抵消而经营目的难以如愿。相反，如果经营者别出心裁，独树一帜，避开竞争，专心致志地将主要精力用在产品上，减少营销竞争上的开支，那么实现经营目的就会变得容易。

20 世纪 60 年代由日本厂商推出的微型计算器，每个售价 200 美元，过了几年后降至每个 10 多美元，进入 80 年代以后每个降到 2 美元左右。为什么售价会悬殊那么大呢？因微型计算器刚问世，经营者独树一帜，后来竞争者多了，为了战胜对手就从价格上做文章。事实上，简单的微型计算器每个售价 2 美元仍有利可图。可见，它独树一帜时售价是现在的 100 倍之多，经营者的利润竟如此丰厚！难怪世界上那么多的富豪仅仅用几年时间就暴发起来。

在竞争日趋激烈的今天，成功的企业经营者都善于使自己的产品独树一帜或独具特色，使自己的产品在与同行的竞争中占有较多的优势。

据统计，曾占据世界出口总值第一位的德国，其每年出口的 4 000 亿美元中，有一半以上的产品是独具特色的。日本企业在第二次世界大战后，从跟随别国产品起步到走上改进别人产品之路，终于从 20 世纪 80 年代起迈上了独创之道。日本企业生产的产品，一旦发现有人追赶，他们则立即另辟蹊径，与追随者拉开距离，从中赢得新的特色。如电视机这种产品，在 20 世纪 70 年代初，日本是以生产黑白电视机为主的。后来中国台湾、韩国等黑白电视机上市了，日本企业便改以生产彩色电视机为主，又处于独特优势。当别的国家和地区亦大量生产彩色电视机之时，日本的几大电器公司却又以遥控的、大屏幕的、方角的彩电处于领先地位。现在，日本又以生产高清晰、丽音质等彩电而与众不同。就是这样，日本企业通过独树一帜的竞争策略，赢得比别人更高的利润和更大的市场。

在琳琅满目的商品市场里，特别是在同行业的产品行列中，经营者要在产品的功能、形式和营销策略上创造出与众不同之处并优于同行业。

> 深圳市一家电脑公司开发出一种电脑打字机，它可以打出中文、德文、俄文、英文等四种文字，功能比只能打出一种文字的打字机优胜很多，这一独出心裁的产品虽然售价比同行业单一文字打字机高出一倍，但仍然非常畅销。又如日本研制的无电池模拟石英手表，戴1天可贮存3天能量，最多可贮存10天的能量，若10天未带，手表背后有1根"棒"（激励器）能自行启动。这种手表跳出了石英电子手表需要配置电池的局限，由于构思独到，这位独出心裁的制造者将会大得市场之利。

当今世界，科技日新月异，人们的生活随着时代发展而不断提高。精明的企业家十分善于把科技及时转变为生产力，使之成为商品。如美国吉利公司不惜投入两亿美元资金，把感应新技术用到其经营的剃须刀上。长期以来，剃须刀没有感应技术装置，常会剃破皮肉。自从安装了感应技术后，刀片承托在高灵敏度的弹簧上，可随着人的脸部曲线变化起伏自动调整角度，达到密贴、顺滑、安全的剃须效果。这一独有的创新，不仅使吉利公司赚得了比投入多得多的专利费，而且还使该产品畅销世界各地，赢利 50 亿美元。

在经营活动中，要开发出最先进和独出心裁的产品，作为一般中小企业是相当困难的，因为资金和技术及人才不允许，但是，中小企业可以设法寻找别人未发觉的产品开拓特定的市场。如有的企业根据国内当前供电不足，时常出现停电现象，设计出一种"应急灯"，结果大受欢迎。又如在 20 世纪 80 年代末，当时的空调机尚未普及，顺德市某企业开发出一种"空调蚊帐"，事实上是把一台小型风扇安装在蚊帐顶上，在我国南方地区成为抢手货。

独辟蹊径是脱颖而出的好策略。

要懂得进行个性化经营

任何一个在市场上占有一席之地的品牌，都必须顺应市场的变化，让不同层次、不同地域、不同消费习惯、不同情感需求的消费者得到满足。如此，市场中有竞争才会变得丰富多彩，企业只有实施品牌战略才会得到大的发展，只有致力于创造个性化产品、提升品牌档次和开拓更大市场空间才能大踏步前进。

在奥地利首都维也纳，有一些专门为 50 岁以上老人服务的购物场所，其标志为"50＋"。此种类型的超市创意很简单，但又很独到。

"50＋"超市货架之间的距离比普通超市大得多，老人可以慢慢地在货架间选货而不会觉得拥挤或憋气；货架间设有靠背坐椅；购物推车装有刹车装置，后半截还设置了一个座位，老人如果累了可以随时坐在上面歇息；货物名称和价格标签比别的超市要大，而且更加醒目；货架上还放着放大镜，以方便老人看清物品上的产地、标准和有效期等。如果老人忘了戴老花镜，可以到入口处的服务台去临时借来戴上。最重要的是，超市只雇用 50 岁以上的员工。

一家"50＋"超市的经理说，这种超市很受顾客的欢迎，增加了他们的信任感。从中获益的不仅仅是顾客，雇用的老年员工十分珍惜这份工作，积极性特别高。

"50＋"超市由于替老人想得特别周到，深受老人欢迎，同时被其他年龄层（例如带孩子的年轻母亲）所接受。"50＋"超市商品的价格与其他超市一样，营业额却比同等规模的普通超市高了 20％。

"50＋"超市之所以深受老年人的喜爱，是因为此超市定位很准确，专门针对老年人的特点，从老年人的需求出发，替老人想得特别周到，这么人性化的超市当然会受到老年人群的青睐。

产品个性化也是战略决策问题，过去几年，家电行业的竞争异常激烈，众多厂家为了在日趋成熟与激烈的市场争得一杯"羹"，以价格大战为标识（zhì）的恶性竞争打得一塌糊涂，导致彩电业已落得个全行业亏损的悲惨境地。在这场混乱中，海尔坚持不参与"价格战",按顾客的"菜单"做文章正是这一经营理念的根本体现,遵循这一理念,海尔电冰箱为北京市场提供了最高技术水平的、非常贵的高档新品,为上海家庭生产了瘦长型、占地面积小、外观漂亮的"小小王子",为广西顾客开发了单装水果用的保鲜室"果蔬王"。

市场有没有饱和,厂家除了选择价格战还有没有别的更好的选择,海尔的做法是最好的回答。那些动辄就喊市场难找、商机难觅,一味地在价格、促销上苦费心思的厂商们,应该从中得到一些有益的启示。对于"饱和"的市场,企业要生存,就应从战略上走"产品个性化"之路,这才是长久之计。

虽然在产品日益同质化的今天,创造一个"人无我有"的产品概念无疑难上加难,但只要仔细地分析与挖掘,新的产品概念还是会呼之欲出的。中小企业更应该在创立差异化产品概念方面不遗余力,只有这样才有助于建立起产品本身的竞争优势,才会创造出撬动市场与终端的支点。

尽量与别人区别开来

著名营销战略管理专家迈克尔·波特说过:"当一个公司能够向客户提供一些独特的、其他竞争对手无法替代的、对客户来说其价值不仅仅是廉价的商品时,这个公司就把自己与竞争厂商区别开来了。"

一个企业要想在市场竞争中取胜,就要做到标新立异,树立

自己产品的特色和品牌形象。

2000年初，广东乐百氏集团下属的饮用水公司向桶装水领域发展，那时国内的桶装水市场正处于从导入期向增长期过渡阶段。由于进入桶装水市场门槛较低，面对快速膨胀的市场，许多不具备卫生设备条件的小企业、家庭作坊也纷纷涌入，市场很快陷入了混乱之中。顾客投诉商家的事件接连不断，而电视台等新闻媒体也不时报道桶装水存在着不卫生、粗制滥造和损害人体健康等问题。

从整个产品所蕴涵的核心产品、实际产品到外延产品来看，市场上大多数厂家的产品层次较低，有的其实就是由外来人员私自搭建起来的简易作坊式水厂，因此，很难保证产品质量和良好的服务。

面对这一系列混乱局面，乐百氏集团认为这是一个不能错过的机会，如果能从桶装水各个层面精心利用产品差异化策略，就能够很好地凸显自己的高品质产品形象。

乐百氏在水源采集上选用优质水源地，在制水设备上采用欧洲先进的制水设备，而装水桶的制桶机器则选用日本先进设备，并选用符合欧洲卫生标准的食品级PV材料制造水桶。

进入桶装水市场之初，乐百氏由于考虑到成本的压力以及还不熟悉桶装水的市场情况，曾采用通用桶灌装饮用水，然后再贴上纸质标签的做法。但很快他们就意

识到这样很难使自己的产品与其他厂家的桶装水区别开来，而无法显示出自己的桶装水具有高品质的品牌价值感，这将成为企业致命的缺陷。于是公司花巨资从日本引进了一套制桶生产线，生产具有乐百氏知识产权的水桶，在桶上刻有乐百氏标准字体。

表面上看，制造专利水桶是一个小举措，但此举使得其他一些小品牌桶装水即使再降价也无法维持原先拥有的市场。更重要的是，这使得乐百氏桶装水的产品形象明显区别并领先于其他品牌，从而确立了乐百氏桶装水高品质的市场形象。造就了自己产品与众不同的形象之后，自己的品牌形象也就自然得到提升了。

要想使自己的产品区别于同类企业的产品并建立竞争优势，就要大力开展研究和开发工作，努力使产品在质量、样式、造型等方面发生改变，不断推出新产品，只有这样才能将自己立于不败之地。

下面，我们再来看看百事可乐是怎样与可口可乐区别开来的。

可口可乐和百事可乐是商业竞争对手，为了能够在市场上拥有较高的占有率，百事可乐公司采取了一系列的措施，其目的是把自己和可口可乐区别开来。

百事可乐的配方、色泽、味道都与可口可乐相似，绝大多数消费者根本喝不出二者的区别，所以百事可乐在质量上无法胜出。百事可乐选择的挑战方式是在消费者定位上做文章。百事可乐摒弃了不分男女老少"全面覆盖"的策略。从年轻人入手，

中小企业营销指南

第 六 章

对可口可乐实施了侧翼攻击。通过广告，百事可乐力图树立其
"年轻、活泼、时代"的形象，而暗示可口可乐的"老迈、落
伍、过时"。

这种策略在百事可乐早年的一次广告中表述为"现在，百事
可乐是那些感觉年轻的人的选择"。后来，广告词有了飞跃，即
经典的"来吧，加入百事一代"。百事可乐利用消费者年龄层次
打心理战，并且占了上风。可口可乐的消费群体比百事可乐大，
而年龄大些的人更愿意喝可口可乐，因此青少年就喝百事可乐以
显示他们的与众不同。百事可乐的这种策略巧妙地利用了年龄阶
梯的差异。可口可乐的老龄消费群体日渐缩小，而百事可乐的低
龄消费群体正在诞生，并且日益壮大。

百事可乐还有一个明智之举，它运用了音乐。音乐是年轻一
代表示他们反抗性的工具，公司高薪聘用迈克尔·杰克逊和莱昂
内尔·里奇为其做广告。青少年在电视上看到莱昂内尔·里奇的
广告大呼"哇"，而大人们看到后却很茫然："谁是莱昂内尔·里
奇呀？"

后来，百事可乐的口号又改为"新一代的选择"。这仍然是
把目标定在年轻一代的策略，而且是百事可乐用来进攻"老龄
化"可口可乐的主要举措。

在营销战中，找到对手强势中的弱点是进攻的关键所在。可
口可乐的强势在于它是第一家可乐饮料。它在市场上的历史比百
事可乐长得多，这种可靠性很显然是可口可乐的强势，不过它还
产生了另一种结果，就是消费者年龄层次问题。不幸的是，这一
点被百事可乐成功捕捉并利用了，大片江山因此而被百事可乐毫
不客气地瓜分了。

中小企业营销指南

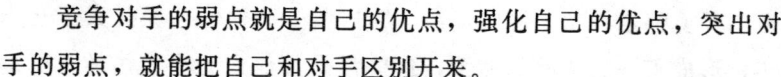

竞争对手的弱点就是自己的优点，强化自己的优点，突出对手的弱点，就能把自己和对手区别开来。

避开短处发扬长处

著名成功学家拿破仑·希尔曾经说："将一个优点发挥到极致，这个优点就可以帮助你掩盖所有的缺点。"聪明的商家懂得发挥自己的优势，掩盖自己的劣势，从而获得更大的发展。

大多数经营成功的品牌无不是因在消费者面前突显自己的优势，而使企业规模得到扩大和发展的。例如，麦当劳的优势是环境幽雅、就餐方便；沃尔玛的优势是物美价廉、设施齐全；全聚德的优势是口味独特、历史悠久……

随着市场经济的逐步成熟和完善，技术手段不断更新，社会产品日益增多，企业之间的竞争越来越激烈。商场如战场，企业在激烈的竞争较量过程中，要注意避开自己的短处，发挥自己的长处，只有这样才有把握取得胜利。

在 20 世纪 80 年代中期，国外的洋快餐如麦当劳、肯德基等开始进入中国，一下子吸引了很多消费者的眼球。很多人被它新颖的就餐方式、快捷的服务和良好舒适的就餐环境所吸引，因而不少人选择到洋快餐店吃饭，中国传统餐饮业一下大受冲击。很多中国餐饮经营者也试图模仿外国餐馆的经营模式，生产与他们一样的食品，如汉堡、薯条，甚至模仿他们的店面装修，但是都以失败告终。这是因为方便快捷的模式、快餐食品的质量以及舒适的环境都是洋快餐店的优势。在这些方面他们已经摸索了几十年，形成了一套成熟的体系，这些都是其他人无法模仿的，更是无法竞争的。

避开短处，充分发挥长处也是企业在竞争当中一种有效的博弈手段。在市场营销中面对强势的竞争者，切莫和他们正面交锋，而应该寻找对方的弱点，然后集中力量进行攻击，那么竞争者很快就会败下阵来。但是如果针对对方的强势进行攻击的话，不仅不会达到打击对方的目的，还可能会被对方所打败。再强势的品牌也必定有它不足的地方，如果我们能够找到并且发现对方的不足，并且在自己的产品中将之作为优势去发展，就能收到四两拨千斤、以少胜多的效果。

在 20 世纪 80 年代，日本汽车想进入美国市场。但当时美国汽车产业十分发达，被称为"汽车产业大国"。汽车生产水平和产品研发能力都堪称世界一流，其产品也以质量和功能齐备而闻名，硬要攻占美国汽车市场，似乎不大可能，但是日本的汽车公司经过调查发现，美国汽车虽然功能齐全、性能卓越，但是却有一个致命的缺点，那便是耗油大而且尾气污染严重，十分不利于环保。经过一番艰苦的研发之后，日本汽车商推出了针对美国汽车弱点而生产的节能、降耗、环保的新型汽车。这种汽车投入市场后，很快就得到了那些正希望购买到节能环保汽车的美国人的认可，因而产品大受欢迎，一举挫败了很多美国本地汽车品牌，攻占了大片的美国汽车市场。

"避免短处，发挥长处"是在市场营销当中一种智慧的较量，一种策略的尝试，它能够帮助企业打败对手，获得胜利。

扬长避短，一直都是商战的有效战略。

中小企业营销指南

打造自己的色彩品牌

在全球化的商战背景下，企业未来的竞争归根结底是品牌的竞争。从战略意义上看，企业品牌是企业的脸面，是一种承诺，是一种信用保证。因此，塑造品牌个性使企业产品具有良好的可识别性成为了品牌差异化的要求，同时也是最具有操作价值的杠杆支点，也是那些身处激烈竞争中的企业努力打造各自的品牌，甚至努力把品牌国际化的重要原因。

通常说的企业品牌形象差异化是指通过塑造与竞争对手不同的产品、企业和品牌形象来取得竞争优势。塑造形象一般要通过产品的名称、标语、颜色、标志、环境、活动等手段来进行外在形象的塑造。比如，在色彩方面，柯达的黄色、乐凯的红色、富士的绿色；百事可乐的蓝色、非常可乐的红色等都能够让消费者从众多的同类产品中轻易地将其识别开来。再拿我国酒类产品的形象差别来讲，消费者在买某种酒的时候，首先想到的就是该酒的形象，在品酒的时候，品的是酒，品出来的却是由酒的形象差异带来的不同的心灵感受，于是出现了茅台的国宴美酒形象、泸州老窖的历史沧桑酒形象、剑南春的大唐盛世酒形象、金六福的福酒形象以及劲酒的保健酒形象等，各具特色。

在品牌塑造过程中，品牌个性是重要的环节，这包括品牌内核与品牌形象，而品牌内核包括品牌理念、品牌主张、品牌宗旨、品牌价值等方面，这是品牌管理的一条脉络与线索，更指导

了企业日常的品牌建设。

另外一个方面，品牌个性形象的塑造包括以下几个方面。

一是品牌视觉系统即视觉形象，主要包括基础元素、应用元素等。

二是社会形象即品牌在各种社会力量心中的形象。生动、鲜明、易于识别的品牌形象设计和良好的社会公益形象，可以使品牌更具亲和力。

三是品牌信誉差异化。品牌信誉与品牌文化大有关联之处。品牌通过获得较竞争对手更优异的商业信誉、专业认证，以获得商誉差异化。其实，在品牌沉积或者说品牌积累的过程中，商誉包括荣誉、诚信等重要组成部分。

四是品牌文化塑造。为品牌添加更多的文化元素并与品牌个性相吻合，开展文化行销已被很多企业采用，比如皇明太阳能集团就是开展文化行销的典型，使其品牌为千家万户所知晓。

还有一点，在实施形象差异化时，企业要注意针对竞争对手的形象策略和消费者的心智而采取不同的策略。例如，农夫山泉为了表现公司的形象差异化，于2001年推出"一分钱"活动支持北京申奥，并于2002年推出"阳光工程"支持贫困地区的基础体育教育事业。通过这样的公益服务活动，农夫山泉获得了极好的社会效益，提升了品牌价值，实现了形象差异化。同样，为了突出自己纯天然的形象，农夫山泉在红色的瓶标上除了商品名之外，又印了一张千岛湖的风景照片，无形中彰显了其来自千岛湖的纯净特色。在短短几年的成长过程中，这些差异化策略和战略对农夫山泉今天的地位起到了非常关键的作用。

一个成功的企业，一定要懂得打造品牌的个性色彩。

第七章 顾客至上
满足需要

以顾客需要为出发点

任何产品和服务都是以得到顾客的认可为最终目标的。每一个企业都希望顾客能够不断地购买他们的产品和服务，以使企业获得收益和回报。然而对于如何做到这一点，一些经营者却不甚了了，其实秘诀就是以用户需要为出发点。

产品卖到顾客手里并不意味着营销任务完成了，而仅仅是开始。只有顾客用过后满意了，对产品认可，并且决定成为该产品和公司永远的客户之后营销的任务才算完成。保持顾客的忠诚度，让大多数顾客都成为公司稳定的顾客，是以顾客为中心的市场形势下营销成功的表现。

日本丰田汽车公司是当今世界最知名的汽车生产商，它生产的汽车行销世界 20 多个国家，获得了顾客的一致认可和好评。而丰田公司能够获得如此大的市场覆盖率，拥有如此多的顾客，是与其以顾客为出发点的理念分不开的。尤其是在 20 世纪 60 年

代前后日本丰田汽车成功地打进美国汽车市场，甚至销售额超过了美国本土汽车，制造了营销界的奇迹。其实，丰田公司在进军美国市场的过程中经历了很多波折。

起初，丰田公司看到了美国汽车市场的巨大潜力。美国是最早生产汽车的国家，在20世纪初，他们的汽车拥有率就达到了60%，并且以每年2%的速度递增，有着很大的市场潜力。丰田公司决定将自己多年潜心研发的皇冠汽车投向美国市场，以迈出其扩展国际市场的第一步。因为这个型号的汽车的确有很多优势，如安全的双层玻璃、良好的发动机性能等等。但是该产品投放美国市场后却没有多少人问津，经过了解他们才发现，美国人高大的形体和丰田车过小的容积不成比例，丰田汽车向美国市场的第一轮进攻失败了。

但是，丰田公司的管理者和研发者并没有放弃，在做了大量的市场调查工作后，他们不遗余力地派专门的工作人员到美国去了解路况信息，包括路面的宽度、红绿灯的设置以及人们在各个场所的停车习惯等。为了解美国人的爱好和生活习惯并研发出他们需要的汽车，丰田公司甚至派了一名研究人员到一个普通美国家庭体验生活。这名研究人员以旅游的名义在美国家庭吃住了一个月，充分了解他们的文化、爱好和习惯，并一一记录下来，作为日后研发新型号汽车的方向和依据。比如，美国青年喜欢喝罐装饮料，他们就有意识地在汽车内加一个盛放罐装饮料的饮料箱；很多美国家庭喜欢全家出游，他们就设计了有儿童坐椅的汽车等。总之，一切皆以美国人的习惯和爱好为方向。

更主要的是，针对美国当时刚刚过去的原油危机，丰田汽车公司打出了省油降耗的招牌。这对于只讲究性能和速度的美国汽

中小企业营销指南

车来说，是一项很大的冲击，然而却迎合了人们节能的需求。

所以，日本新型汽车投放美国市场之后得到了强烈的回应，美国人抛弃了本土的汽车品牌，转而去购买丰田汽车。更符合美国人生活习惯和购买愿望的丰田汽车在美国获得了全胜，当年的销售量就达到了3 000万辆。日本丰田以绝对优势成功地赢得了美国市场。

如今，丰田汽车在美国仍然非常受欢迎，很多青年都以能开一辆丰田汽车为荣。丰田汽车从过去的因不了解顾客和市场而导致的一败涂地到最后进军和控制市场的大获全胜，他们最基本的秘诀就是"以顾客需要为出发点"，生产和设计顾客需要的产品，尽可能地满足顾客需求，因而得到了顾客的广泛支持。

以顾客需要为出发点，就要去了解顾客的需求和爱好。只有了解他们需要什么，才能有针对性地生产什么。做到这一点并不容易，顾客的复杂性和多层次性决定其需求和爱好是变幻不定的，比如年龄、文化、习惯、性格等等，这就要求企业根据实际情况随时作出调整。

要拥有顾客，随时掌握和了解顾客的要求非常关键，必须以顾客的实际需要为出发点。

补市场真空以满足顾客

一张白纸好画最新最美的图画，如果那张纸上已画满了东西怎么办？那就把这张纸反过来，也许还有空白；如果这面也画满了，那就对着阳光透透看，说不准又能找到空白。这空白可能就是一个市场，就是赚钱的机会，说不定它还在你的身边。

"大公司已经垄断了市场，我们没有机会与它们竞争。"在激烈的市场竞争面前，很多中小企业如是说。其实啊，市场始终有一些大公司忽视的空缺，抓住这种空缺就会在大公司的夹缝中发展起来，走向成功。

美国西南航空公司定位于经营短途航班，飞行距离少于750英里（约1 200公里）。这使西南航空公司每天都能让更多的飞机投入运营，从而在吸引更多乘客的同时，还能够大大降低运营成本，使其有能力与竞争对手展开低价竞争。西南航空公司以向顾客提供最便宜的机票而著称，比如从纳什维尔到新奥尔良的单程机票只要56美元，而其他航空公司的同等票价却要100美元甚至更高。

如今的西南航空公司已成长为全美最大、投资者最追捧的民航公司之一，但公司并未抛弃创业时期就一直奉行的补缺战略。

西南航空公司保持住补缺者的身份就在于其选择独有的市场，避免与行业领导者正面竞争的策略。

一个市场的补缺者在密切注意竞争者的同时，不应忽视对顾客的关注，不能因强调以竞争对手为中心而损害更为重要的"以顾客需要为中心"的战略。

与格兰仕、美的等企业相比，九阳公司的实力和知名度可以说与其根本不在一个级别。不过在豆浆机这个行业，九阳的"老大"位置却是坐得很稳。自1994年九阳公司成立，开始生产豆浆机以来，九阳豆浆机在市场上可谓一枝独秀，市场占有率一直很高。

面对多家企业纷纷生产小家电的情况，除了选择规模化竞争策略之外，无疑就是专业化、个性化竞争策略。豆浆、油条、油饼是中国人的传统早餐，这一饮食文化和功能让九阳公司的豆浆机找到了一个具有普遍需求的新市场，并且将这个市场做到了每年数亿元的规模。作为小家电中一种差异化的边缘产品，"九阳"靠着豆浆机一炮打响。而1999年的不粘型豆浆机和2001年的熬煮型豆浆机的两次技术变革，让"九阳"的发展连登两个台阶，成为家用豆浆机产品的第一品牌。

"九阳"在小家电领域走了一段不同寻常的路，幸运地创造了一个新市场而且成功了。九阳公司董事长王旭宁认为：豆浆机的成功，一是说明小家电的个性化相对大家电要强，九阳豆浆机仅仅是差异化产品在市场上成功的个案；二是在这个领域里，没有遇到强有力的竞争对手也是很关键的一个原因。

在品牌多而杂且集中度不高，市场竞争不充分的小家电市场上，"九阳"依据市场补缺思维而设计的成长战略，建立着一个又一个具有独特优势的根据地。

在市场竞争中，谁能最早发现市场空挡，不失时机地抢先行动，谁就能占领市场空挡做独家生意，得先机之利，掌握争夺用户和消费者的主动权。如果能在占领市场空挡后又能乘胜前进，在产品质量、品种、价格、服务等方面做得更好，就能赢得用户和消费者的欢迎和信赖，扩大企业与产品在消费者心中的形象，在竞争中稳操胜券。

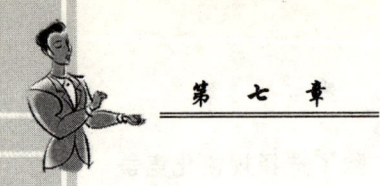

学会发现顾客的需要

许多公司都非常自信，认为公司是行内最好的，产品也是最优秀的，但顾客却不感冒，为什么会这样呢？是因为其产品是在满足他心目中的客户的需求，他想象中的顾客的需求，而不是现实客户心目中的需求。

客户是多种多样的，他们有各种各样的偏好。如果一个企业希望将一种产品或服务强加给顾客，而且认为顾客就会喜欢本企业的产品和服务，其实这种想法是错误的。正确的做法是：分析一下未来的客户，如果他是"猫"，就请他吃"老鼠宴"；如果他是"羊"，一定要请他吃"青草席"。

请看一个寓言故事。

黑猫为了报答山羊的救命之恩，特在家里设宴请山羊来吃饭。山羊很高兴，特意早上不吃饭准备到黑猫家里大吃一顿。

黑猫毫不吝啬地把它珍藏已久的老鼠肉全部拿出来，弄了个老鼠肉全席：红烧老鼠肉、油炸老鼠头、清蒸老鼠腿、凉拌老鼠皮……黑猫见山羊如约而至，马上请它入席。

黑猫十分客气地向山羊说："吃吧，放开肚皮吃。"它自己则抓起一块老鼠肉津津有味地大吃起来。

然而山羊坐在旁边，尽管肚子饿得咕噜咕噜叫，但面对这一桌丰盛的老鼠宴，却一点胃口也没有。山羊结结巴巴地说：你这里有没有青草，哪怕是一片干树叶也行？这时黑猫才明白过来，非常不好意思地放下老鼠肉，赶忙爬到树上给山羊弄了一大堆鲜嫩的榆钱。

山羊实在是太饿了，一边急不可耐地吃着榆钱，一边咩咩地叫着，以感谢黑猫的盛情招待。

营销的秘诀在于找到顾客心底最强烈的需要并设法满足这种需要。市场营销员应站在客户的立场上去考虑问题，如果营销员不关心顾客的需要，凭什么指望顾客会照顾自己的生意。

美国著名企业家艾科卡成功的故事，让我们懂得要去把握消费者的内心需要。

为了设计青年人满意的车型，艾科卡亲自挑选了一批懂得青年人要求与心理的人，组成一个精干的设计班子。经过多次改进，到1962年第一批车子定型，这种车子看上去像是运动车，满足了青年人喜欢新奇、运动的心理和要求，同时，它又不单是运动车。对此艾科卡的解释是：你可以在星期五傍晚开着它前往乡间俱乐部；次日，你可以开着它行驶在崎岖的小路上；星期日你可以开着它衣冠楚楚地前往教堂做礼拜。总之，它雅俗共赏，适应于各种不同的场合，另外，它的价格也很低廉，一般青年人都买得起。福特公司还给这种车起了一个青年人喜欢的名字："野马"。

"野马"上市的第一年，就售出41.9万辆，创下全美汽车制造业销售的最高纪录。艾科卡成功了，他开始扬名美国企业界，又成为世界著名的企业家。而他的成功源头之一，便是对社会潮流的准确预测，对消费者需求的准确把握。

"从群众中来，到群众中去"是做好工作的前提；对企业而言，"从消费者中来，到消费者中去"是赢得市场的前提。在"消费者就是上帝"的今天，用另外一种方式理解这句话，就是"尽量满足消费者的需求，把消费者的想法、需求当作企业发展的前提"。

只有找到顾客的需求并进行强化，才能把顾客的需求变成消费。

主动赢得顾客的热心

做生意讲究等价交换，货真价实很关键，但只有赢得了顾客的心，顾客才会爽快地付钱。

人们的购买行为一般都有复杂多样的动机，有物质的原因，也有精神的原因。例如购买一条时髦的黑白相间的艺术型领带，既可能是因为他想要表现自己外向型的个性，又可能是因为它和他的红衬衫相互搭配，还可能是因为他喜欢艺术型产品，也可能是因为他觉得这条领带看上去很时髦，或者可能是因为他喜欢它的丝绸面料，甚至有可能是因为他老板有条这样的领带。

1943年，一家瑞典家居用品企业诞生，取名为"宜家"，创始人是瑞典人坎普拉德，创立之初主要经营文具邮购、杂货等业务，后转向以家具为主业，在不断扩张的过程中，产品范围扩展

中小企业营销指南

到涵盖各种家居用品。

到 2003 年，宜家在全球发展到 180 家连锁商店，分布在 143 个国家，雇用员工 7 万多名。2003 年宜家获取了 110 亿欧元的销售收入和超过 11 亿欧元的纯利润，成为全球最大的家居用品零售商。

宜家之所以能够取得成功，与企业准确的产品市场定位有很大关系。宜家的经营理念是"提供种类繁多、美观实用、老百姓买得起的家居用品"。从创建初期，宜家就决定与家居用品消费者中的"大多数人"站在一起，这意味着宜家要满足具有很多不同需要、品位、梦想、追求以及财力，同时希望改善家居状况并创造更美好日常生活的人的需要。针对这种市场定位，宜家的产品定位于"低价、精美、耐用"的家居用品。

在欧美等发达国家，宜家把自己定位成面向大众的家居用品提供商。因为其物美价廉、款式新、服务好等特点，受到广大中低收入家庭的欢迎。但到了中国之后，宜家的市场定位做了一定的调整，因为中国市场虽然广泛，但普遍消费水平低，原有的低价家具生产厂家竞争激烈并接近饱和，市场上的国外高价家具也很少有人问津。于是宜家把目光投向了大城市中相对比较富裕的阶层。宜家在中国的市场定位是"想买高档货，而又付不起高价的白领"。这种定位是十分巧妙准确的，获得了比较好的效果。后来很多中国白领把"吃麦当劳，喝星巴克咖啡，用宜家家具"作为一种生活风尚。

1997 年，宜家开始突出考虑儿童对家居物品的需求。为了设计更加适合儿童需求的产品，宜家与两支专家队伍进行了合作开发。儿童心理学家和儿童游戏方面的教授帮助宜家设计、开发旨在培养儿童运动能力和创造力的产品。在宜家展示厅，设立了儿童游戏区、儿童样板间。在餐厅专门备有儿童食品，所有这些都得到孩子们的喜爱，使他们更乐意光顾宜家。由于定位准确，宜家在中国取得了巨大的成功。

"吃麦当劳，喝星巴克咖啡，用宜家家具"，从精神需求上抓住了顾客的心，很多人没事就逛宜家，觉得这是身份的象征。

其实，从战略上看，高明的竞争战略是"攻心为上，攻城为下"，要脱颖而出，就要击中消费者的心，只有抓住了顾客的心理才能抓住顾客的钱袋。

要懂得顾客购买心理

购买行为背后有其心理原因，不少女士购物的原因可能仅仅就是为了满足自己的购物瘾头。企业要获得利润，就要学会营销，但是高效营销要求企业必须深入洞察顾客的购买动因。到底是什么在驱使他们购买？他们到底喜欢在什么价位购买？如果企业能够准确地把握这些原因，其销售量将会有一个新的提升。

麦克是一家服装店的老板，但是一直以来他的生意都平平淡淡。然而急于发财的麦克，想借助一个特别的服饰打开自己的品牌市场。

于是，麦克专门聘请了一位高级设计师，经过一段时间的努力，精心设计出最新款的牛仔服。麦克对这一

产品寄予很大希望，企盼一举改变自己经营不景气的状况。为此，麦克投入了 6 000 美元的资金，首批生产了 1 000 件，成本为 56 美元。为了把市场打开，将每件牛仔服的价格定为 80 美元，他想凭着新颖的款式和低廉的价格，来招徕更多的顾客。

产品一上架，麦克便亲自出阵指挥，大张旗鼓地叫卖了半个月，但生意不见起色。心急的麦克铁下一条心来，每件下降 10 美元销售，又呼天喊地叫卖了半个月，购买者却仍不见多。估摸着低价之下，必有勇夫，麦克又降低了 10 美元钱价格，这可接近于"跳楼价"了，但销售状况仍是"外甥打灯笼——照旧（舅）"。向来不服输的他，这时也顾不得那么多了，干脆大甩卖，每件 50 美元，工本费都不要了，可除了吸引不少看客外，连原来的几个顾客也都不来了。

一个多月过去了，一共销售了 12 件，看到这个数字，麦克彻底绝望了，自认倒霉，索性也不再叫卖了，他让店员在门口挂出了一块广告牌，上面写着："本店销售世界最新款式牛仔服，每件 40 美元"，但还是无人问津。

一天，他接到一位朋友的来电，问他最近生意如何，他便把近期店中的情况告诉朋友。朋友听后说自己有一个好办法，并且这个办法很简单，就是在 40 美元后多加了个"0"，这样每件 40 美元就变成了 400 美元了，价格一下子高出 10 倍。

刚开始时，麦克不太相信，他的价格那么低都没有

中小企业营销指南

人购买，更何况这么高的价位。但是看到店中的情况又没有什么好的销售方法，他只好将朋友交他的办法试试看，令人惊奇的是"0"刚刚加上去，就陆陆续续来了不少购买者，兴致勃勃地挑选起来。不一会儿的工夫，倒还真卖出了七八件，并且随后的销售状况是越来越好，不到一个月的时间，1 000件牛仔服已经全部销售一空。差一点血本全无的麦克，转瞬之间发了横财，兴奋得他不亦乐乎。

一开始麦克的牛仔服销售之所以卖不出去，是因为麦克不懂消费者的购买心理。他忽略了世界最新款式的牛仔服主要销售对象是那些爱赶时髦的年轻人。他们的购买心理特点是讲究商品的高档次、高质量、时髦新颖。但是当他以低价位销售时，却使得这些时髦的年轻人误以为麦克的牛仔服价低则质次，穿到身上有失体面。

能否促成生意成交，并不在于卖方主观上认为商品的价格高低，而在于买方的消费心理。在实际商业活动中，该如何使用"薄利多销"和"厚利多销"，并无统一的法则可用，要根据商品的特性与所处的消费环境，具体情况具体处理。

了解顾客以及其购买动因，有助于企业更有效地销售其产品。如果大多数顾客是女性，她们购买企业的丝绸上衣是因为它们吸引人、价格合理、时尚并且适用于多种场合，那么企业的广告材料大概就应该这样写：

由上乘丝绸面料精制而成，款式独特，质量优异且价格适中。上班时穿着靓丽无比，晚会中再配上首饰则更加动人。处处

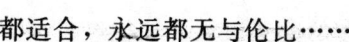

都适合，永远都无与伦比……

如果企业经过调查发现其顾客主要是男士，他们将其作为一件浪漫的礼物送给自己心爱的情人。企业就将需要从另外一个角度来准备广告材料：

让你生命中的那个女人穿上这样一件面料考究、款式新颖的丝绸衣服，她将会欣喜异常。她将会喜欢上它那精致的面料、动人的色彩和贴身的款式。最重要的是，她会爱上那种贴近肌肤的丝绸质感，没有哪种面料可以与它相比，没有哪个女人能抵制住它的诱惑。所以下次当你想对她说你有多爱她时，请把鲜花抛在一边，换一种时尚的方式。纯粹的丝绸，只有你的"她"才配得上。

如果企业是通过批发商来销售丝绸上衣，由于赢利是他们的动机，他们想要低价买进而高价售出，所以应该这样对他们说：

质量上乘的丝绸上衣，有十余种时尚颜色，号码从 30 到 34 不等。每件仅售 120 元，零售价至少可达 160 元。

销售对策一定要建立在对顾客的心理把握之上，切中心理要害，才能促进顾客的销售。

抓住顾客的购买心理，将会使企业受益无穷。对于顾客群体及其购买原因了解得越多，就越容易对其展开销售攻势，并且按照顾客的偏好来为产品制定销售策略。

及时消除顾客的疑惑

每个消费者在进行消费的时候，看上去只是买和卖的一个过

中
小
企
业
营
销
指
南

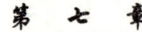

程，其实这个过程并不简单。消费者的购买决策，往往经过多方求证、比较之后才进行判断。也就是说，每个消费者在决定花钱购买一个产品之前，都要有一个决策的过程，而这一过程是消费的决定性环节。如果消费者在决策的过程中产生任何一个对产品的疑问，那么都可能导致消费者放弃购买。

消除客户疑虑的过程，其实就是一个说服购买的过程。每个消费者的顾虑都不同，因而也要采用不同的解答和劝说方式，一味地强调自己产品的优势是没有用的，最主要的是能不能真正地站在客户的角度帮助解决问题。

日本丰田公司是世界上最大的生产汽车的企业之一，丰田公司不仅产品质量是值得称道的，而且其销售方式也是非常出色的，经过多年销售经营，已经形成了一整套成功的销售模式。

无论顾客是否真的买车，丰田公司的销售员都会建立一个顾客档案，将顾客的基本资料写清楚，包括顾客的年龄、身份、家庭、收入情况、受教育背景等。他们首先根据顾客的资料为顾客拟订一份适合于顾客收入水平和需求的销售方案，根据顾客自身的经济实力和条件为顾客推荐适合的车型、相关的维修与售后服务、合理的付款方式等。尤其是对于那些工薪家庭、收入有限的顾客，他们会根据其家庭成员的需求，设计不同的消费方案。而且根据顾客的收入和资金实力，向顾客推荐合理的分期付款方式，从而将他们的资金压力降到最低，同时又能够买到适合自己的汽车。此外，丰田公司的销售员还会为顾客提供最优的产品方案，如车门设计、发动机性能、刹车转弯装置、导航系统等等，都会根据顾客的需求量身定做，让顾客能够有最优化的选择。

　　丰田公司详细而周到的销售模式让顾客感到信任而满意，顾客在经过丰田公司销售员讲解后，通常会打消资金不足、汽车质量和维修等方面的疑虑，进而安心地买下丰田公司推荐的汽车。丰田的销售方式为丰田汽车占领市场创造了有利条件，吸引了大量的顾客，为企业扩展市场作出了不小的贡献。

　　销售往往是各个环节综合构成的过程，无论是商家还是厂家，都必须在每个环节做到最好，才能赢得顾客的青睐。

　　很多市场营销人员都感叹，要调动顾客的购买欲望并不难，难的是让顾客真正决定购买产品。如果顾客在决策的过程中产生任何一个对产品的疑问，那么都可能导致顾客放弃购买。市场营销人员要消除顾客的疑虑，让顾客完完全全地相信自己的服务和产品。

　　顾客从看到产品、产生购买的欲望到真正决定购买产品，是一个环环相扣的复杂的过程。顾客在每进入到一个环节的时候，大多都是经过慎重地思考和认真地决策的，因为每一个消费决策的过程都关系到顾客的切身利益。尤其是在对那些大件消费品进行决策的时候，他们付出更多的货币，因此他们的选择就更慎重，思考的过程也就更长。这个过程是顾客寻找证据证明自己决策正确与否的过程，一旦他发现某一个现象或者某个问题与他的愿望或者构想不同，或者有差距，他就会否定自己的购买决策，放弃购买。

　　经营者要根据顾客具体的情况和特点，消除他们的顾虑和疑问。比如一个汽车公司要向顾客推销汽车，就要根据顾客的不同特点来推荐和介绍。如果顾客是个上了年纪的老年人，他购买汽车的需求是稳定、安全和舒适的，那么就要充分考虑到顾客的这

些情况和需求，向顾客介绍相应的车型，侧重于产品的稳定、安全和舒适性，促使顾客打消疑虑，决定购买。如果商家的介绍只侧重于汽车的豪华、高档和高性能，那么顾客就会对产品产生更多的疑虑，因而放弃购买。同样，如果顾客是一个年轻人，追求新潮、时髦和汽车的速度，商家就要向他侧重于介绍汽车的款式和性能，那么顾客就更容易做出购买的决策。

顾客的购买决策还来自同类商品之间的比较，都希望自己在类似的商品里买到最好的。如今市场的同类商品很多，每一个顾客看到一件商品时都会不由自主地想这是不是最好的，可能还有更好的商品。如果在这个过程当中商家能够做出说明，证明自己的商品是同类商品中最好的，消除顾客的疑虑，那么就能成功地推销出商品。相反，如果商家在这个过程中没有能及时地消除顾客的疑虑，那么顾客就会转向其他商家选购商品。

顾客进行决策在一定程度上是验证自己的经验、知识。每个顾客的年龄、身份、经历都不同，都有各自不同的看法和价值标准，这些看法和标准同时也体现在他们的消费过程中。他们会在选购决策的过程中运用自己的知识和经验反复验证商家所提供的信息，如果有一个信息和他们的经验与知识不符。他们就可能放弃购买行为。因此，商家要保证自己所提供的信息都是值得顾客信任的。

总之，消除顾客的疑虑就是从多个角度入手，促使其消费行为的实现。

对顾客反映做积极回应

一个非常出色的公司往往更能倾听用户的建议和意见。

宝洁公司在美国设立第一家"消费者免费服务电话"。曾经在一年内该公司共接到过 20 万个免费服务电话，其中包括顾客对产品提出的各种意见和抱怨，宝洁公司回复顾客的每一个电话，并把每个月的电话内容记录下来，以便于提到会议上讨论，该公司改良产品的构想，主要源于这个"消费者免费服务电话"。

了解顾客所思所想，然后根据顾客的要求改进产品，会深得老顾客的欢心，使这些顾客成为固定顾客。发展新顾客是需要成本的，而锁定老顾客只需很少的成本，况且改进了的产品就像是为他们量身定做的，他们的满意度非常高，而且会免费为你宣传，何乐而不为。很多公司不明白这个道理，只是能避就避，能躲就躲，他们不知道在这样做的同时流失了大量的老顾客，而再去发展新客户，难上加难，因为新顾客也是有从众心理的。

面对顾客的投诉，很多公司采取的态度是敷衍了事。其实啊，处理客户投诉是倾听他们的不满，不断纠正企业失误，维护企业声誉的补救方法，运用得当，可增进和巩固与顾客的关系。

一般来说，客户投诉的内容可以归纳为以下几个方面。

一是商品质量投诉。主要包括产品在质量上有缺陷、产品规格不符、产品技术规格超出允许误差、产品故障等。

二是购销合同投诉。主要包括产品数量、等级、规格、交货

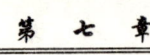

时间、交货地点、结算方式、交易条件等与原购销合同规定不符。

三是货物运输投诉。主要包括货物在运输途中发生损坏、丢失和变质，或因包装或装卸不当造成的损失等。

四是服务投诉。主要包括对企业各类人员的服务质量、服务态度、服务方式、服务技巧等提出的批评与抱怨。

公司在处理客户投诉中应注意以下几个问题。

一是建立健全各种规章制度，做好各种预防工作，使客户投诉防患于未然。最重要的一点是需要全体员工树立为客户服务的思想。

二是一旦出现客户投诉，应迅速作出反应，力争在最短的时间里全面解决问题，给顾客一个圆满的结果。否则，将会使事情进一步复杂化。

三是在处理问题时应分清责任，需要明确处理投诉的各部门、各类人员具体责任与权限，以及客户投诉得不到及时圆满解决的责任。

四是对每一起投诉及其处理都要作出详细的记录并不断总结，吸取教训，为更好地处理客户投诉提供参考。

总而言之，好的公司不仅在服务、产品品质、可靠性和产品发展策略上表现优秀，同时更是顾客的最佳听众。他们能尊重顾客的要求和建议，能聆听顾客的意见，并邀请顾客到公司来参观，能够设计出顾客最需要的产品。事实上，他们明白公司与客户之间是合作伙伴关系。

第八章 建好渠道 终端制胜

企业制胜始于终端

对企业而言，制胜于终端才能最终取得营销的胜利。产品的销售量直接和企业的终端铺货（又称"铺市"，是企业短期内开拓目标区域市场的一种方法，主要是企业与经销商合作，针对零售商进行说服工作，使其同意经销本企业的产品）能力密切相关，因为产品的销售是要通过终端的。终端是直接和消费者打交道的，对一个企业销售来说至关重要。

终端经销商的选择则对企业产品的销售有直接作用，因为终端经销商直接与消费者打交道，其环境与形象直接影响消费者的心理感受。例如，同一种计算机放在普通文具店里销售，与放在专门销售高新技术产品的商店里销售，给顾客的印象完全不同。放在普通文具店里销售的计算机，看上去好像青少年常用的学习机（档次较低）；放在专门销售高新技术产品商店里销售的计算机，看上去则像一种提高生产力的工具，而不是学习工具。

我们一般把终端经销商称为零售商。我国商品流通领域发生的重大变化主要体现在零售环节上。国内零售企业已经逐步学会了如何根据环境变化和消费者需求采取相应的零售形式，从而使商品能比较顺利地进入消费领域，随时满足消费者的需要。目前，我国一些主要城市的零售业态呈多元化发展，除了传统的百货店、专业商店之外，新型业态如超级市场、专卖店、便利店、货仓式商店、购物中心、邮购商店、自动售货机等都已出现，使消费者购买商品越来越快捷、方便，选择程度更高。

每一种零售业都有自己的独特定位，都有自己的经营特色。生产企业在选择零售业时要注意将其定位形象与自己产品的形象挂起钩来。比如，家电产品一定要占领百货商场；休闲食品一定要进入超级市场；高档啤酒一定要进入大酒店；高档时装一定要开设专卖店或者在高级百货商店开设专柜。任何商品若找不到它合适的销售位置，其定位便无从谈起。

对企业而言，选择什么样的终端来铺货并不是一件简单的事。一般来说，企业在终端铺货时要遵循以下原则。

一是要精确调研。没有调查就没有发言权，同样，没有前期细致、周密的调研，终端铺货就很难开展。调研内容大致包括：调查该区域市场的零售商数目，以便确定终端铺货的时间和铺货人员数量；获取竞争对手信息，为制定终端策略做准备；获取终端零售商的联系方式，以便终端铺货和后期回访。

二是要有针对性。针对终端的种类、规模、档次，选择铺货的产品品种、档次，确保产品最大限度满足目标消费者的需求。

三是要做到及时。确定终端销售意向，签订销售协议后，就要及时地向终端铺货，以防夜长梦多。在销售过程中要根据销售

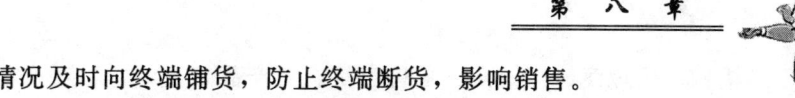

情况及时向终端铺货，防止终端断货，影响销售。

四是要少铺勤铺。若终端不能现结，则会使赊欠货款情况非常严重，因而，最好不要一次铺太多货，要采取少铺勤铺的原则，以降低欠账或退货风险。

五是要坚持"二八"原则。一般来说，市场业绩的 80％是由 20％的终端创造的，所以在铺货前期要按"二八"原则，将 80％的精力放在占终端总量 20％左右的质量型终端上。

六是要坚持品牌带动原则。选择一个主产品，要求包装、设计上档次，质量较高，制定合适的价位和促销来塑造品牌形象，以此实现单品突破，在此基础上来带动其他产品的铺货。

事实上，要实现迅速而成功的铺货，企业首要的问题是如何把铺货阻力减到最小。商品流通中客观存在大量的商品不断地停留在流通的各个环节，造成大量的商品积压和仓储费用的增加。因此，企业必须对商品储存进行科学的管理，使商品储存在数量、品种结构、地理分布和时间长度等各方面能适应消费者的需要，保证分销渠道的畅通。

中小企业对终端要有统筹规划，因为决胜的关键往往在终端。

选择适合自己的渠道

销售渠道是企业最重要的资源之一，是企业把产品向消费者转移过程中所必须经过的路径。这个路径包括企业自己设立的销

中小企业营销指南

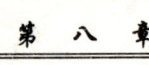

售机构、代理商、经销商、零售店等。对产品来说，它不对产品本身进行增值，而是通过服务增加产品的附加值；对企业来说，销售渠道起到连通物流、资金流、信息流、商流的作用，完成厂家很难完成的任务。

对一个企业来说，关注市场营销渠道并对其进行适当的设计和管理，可以创造出强大的竞争优势，反之，若忽视渠道建设，企业将失去竞争能力。如果企业的市场营销渠道无效，那么其他的市场营销活动便很难发挥作用。

对于刚进入某行业的制造商，在渠道成员的选择上，不可能一步到位，允许市场上的经销商对其有个认识的过程。在建立渠道初期，与一些低层次分销成员进行合作；待到时机成熟，产品在市场上逐步树立了走俏的形象，终端消费开始大面积"解冻"，公司的"招募力"增强后，再选择达标的分销成员，而逐渐淘汰低层次的分销成员。

中国的索芙特集团在 1998 年挺进日化行业，其索芙特"木瓜白"系列产品在市场上的销售就是采用这种策略。在对经销商的选择上公司的策略是：

一个原则，分两步走。"一个原则"就是要求经销商商业信誉良好，有较强的实力，销售网络细密而畅通。

"分两步走"是指企业推出新产品伊始，由于缺乏消费者和经销商的认同感，优秀的经销商门槛太高或对其品牌不予理睬，因而在这一阶段暂时降低选择经销商的标准。经过一段时间的推广，足以引起优秀经销商的兴趣时，公司适时更换网络，引入更大、能力更强的经销商。

这种策略使得索芙特"木瓜白"系列产品仅在投放市场的第

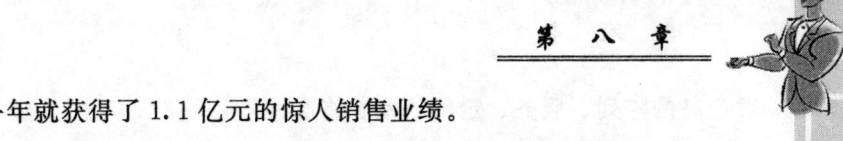

一年就获得了 1.1 亿元的惊人销售业绩。

对于不同的企业，渠道成员的选择可能是非常轻而易举的事，又可能是十分耗时耗神的事。就如同公司招募员工一样，有的公司凭借其名望、实力和影响，可以毫不费力地招募到济济人才，而有些公司因为其规模、声望等因素，也许很难受到人才的青睐。这正说明了渠道的选择是双向的，对制造商而言是在选择经销商，对渠道成员来讲是在选择供应商。

产品的销售渠道是产品经由企业流通到消费者手中的路径。这个路径可长可短，可宽可窄，有直销、代销、批发、零售等不同的方式。产品的销售渠道定位，就是通过建立特殊的产品销售渠道和方式，使产品具有某种特色，以利于它在消费者心目中留下深刻的印象，占据一定的位置。例如，戴尔电脑的直销使产品具有了与众不同的突出特点，因而为消费者所熟知。

那么，应怎样选择最佳的渠道宽度和长度呢？

一、渠道宽度

渠道宽度是指企业在某一层次上所利用的中间商的数目。

中间商数目越多，说明渠道越宽；中间商越少，则渠道越窄。渠道宽度面临三种选择：密集分销、独家分销、选择分销。

密集分销又称广泛分销，其具体表现是企业选用尽可能多的中间商经销自己的产品，使产品在目标市场上有"铺天盖地而来"之势，使自己的产品品牌充分显露、"路人皆知"和随处可买，以达到最广泛地占领目标市场、提高产品知名度的目的。一般来说，日用品、大部分食品、工业品中的标准化和通用化商品，多采用这种分销渠道。需要注意的是，企业想要推行密集分销渠道，必须把产品由高档零售店推广至大众零售店，这时企业对产品的陈列、服务、定价的控制将会减弱；同时，不同渠道的销售商为了各自的利益，很可能会展开价格战，这对企业的价格定位和产品形象将有所影响。

独家分销是指制造商在某一地区仅选择一家最合适的中间商专门推销其产品。独家分销适用于这样一种情况：企业想要严格控制自己的服务水平及经销商的服务水平，通常双方协商签订独家分销合同，规定经销商不得经营竞争者的品牌。独家分销有利于提高企业形象，能较好地实现产品的高价格定位和高服务水准定位。这种方式常见于新型汽车、大型家电和高档时装等。独家分销的缺陷是市场扩展有限，企业若错选了能力不强的经销商，即使广告规模再大，也可能失去某一地区的市场。

选择分销是指企业从所愿意经销其产品的中间商中挑选几个最合适的中间商来推销其产品。这种分销渠道集中了密集分销和独家分销的优势，既能有效控制中间商，又能扩大市场规模。企业不必再为众多的中间商，特别是无利可图的中间商花费精力，并渴望得到高于平均水平的营销业绩。

例如具有多年历史的德国"贝克"啤酒进入北京市场时采用的就是选择分销渠道，他们确定了8家经销商并重点扶持，要求这8家经销商月销售量不得少于一个车皮，结果，由于选择的经销商得力，事实上月总销售量均增加了一倍达到16个车皮。

在选择分销渠道中，企业可以与选中的中间商建立良好的协作关系，使中间商能在广告、促销、陈列、价格、服务等方面配合企业的定位目标展开营销活动。

二、渠道长度

渠道的长度是指中间商层次的多少，产品从生产企业流向消费者或用户的过程中，每经过一个对产品拥有所有权或负有销售责任的中间商机构称为一个层次。层次越多，营销渠道越长，层次越少，营销渠道越短。营销渠道最短只有两层，即从生产厂家直接到消费者手中；最长可能多达十几层，如进出口商品要经过进口商、代理商、批发商、零售商等多个环节，最后才能抵达消费者手中。

渠道长度的选择应根据产品的性质、服务要求及价格水平来确定。一般来说，技术性强、需要较多售前和售后服务的产品，如机械设备、汽车、电视机、电冰箱、音响、空调等，需要较短的渠道。因为消费者或用户对这些商品的服务要求较高，需要进行一对一的个性化服务，如果渠道太长，生产商对顾客提供服务就难以保证，而较短的渠道则可以避免层层转手、维修和服务无人负责的现象。

另外，保鲜要求高、易腐烂的产品应尽快送达消费者手中，因而也应使用较短的渠道。将运输距离和转卖次数降至最少。有时，反应迅速的渠道被消费者认为是高服务水准的象征，如邮寄物品信件，消费者喜欢越快越好，这就迫使企业不得不提高服务水平，尽量减少环节，有些公司甚至对此作出承诺来吸引消费者。

一些单价低，对服务要求也低的标准化的产品，如牙膏、肥皂、香烟、卷纸等日用品，一般采用较长的渠道。因为消费者对这些日用品的要求是购买便利，对附加服务的要求较低，因而其销售比较分散，太短的渠道不可能面对不同地区的众多经销商。当然也有例外，如美国的塔波维尔家庭用品有限公司一直通过"家庭聚会"的方式在美国进行销售，即由家庭主妇在家中组织聚会，在聚会中展销产品，取得销售佣金。另一个著名的例子是美国雅芳化妆品公司，在全球以直销方式销售它的化妆品，取得令人瞩目的成就。

正所谓"成也渠道，败也渠道"，渠道已是各大企业之间竞争的焦点，渠道在企业的博弈之中也占据着举足轻重的地位。企业应该从自身、市场、同行及其他相关行业进行充分调查与分析，将渠道的创建与选择作为一个企业的战略问题来审视。

谨慎选择经销商

对于一个企业来说，经销商选择得恰当与否，直接关系到自己的市场营销效果。

一般说来，投资规模大、信誉好并有名牌产品的制造商可以毫不费劲地找到特定的经销商加入其渠道，而对于那些刚刚起步的中小企业来说就不是一件容易的事情了。但无论是什么情况，也不能不加选择的胡乱选择。

许多企业的成功经验都说明了这样一个基本道理，明确选择经销商的目标和原则，并且做好深入细致的调查研究工作，全面了解每一个将被选择的经销商的情况，是选择经销商的起点和前提条件。

明确目标是选择经销商的前提之一，这里有两个层次的目标要加以区分：

第一个层次的目标是基本目标，即选择经销商，建立分销渠

道要达到什么分销效果;

第二个层次的目标是手段目标,即要建立怎样的分销渠道。它在实现第一层次目标的过程中应当发挥什么作用。建立分销渠道的目标明确之后,这些目标就被转换成选择经销商的原则,成为指导经销商选择工作的纲领。

一般来说,选择经销商应遵循的原则包括以下几个方面。

一、目标市场原则

这是建立分销渠道的基本原则,也是选择经销商的基本原则。企业选择经销商,建立分销渠道,就是要把自己的产品打入目标市场,让那些需要企业产品的最终用户或消费者能够就近、方便购买,随意消费。根据这个原则,设计者应当注意所选择的经销商是否在目标市场拥有渠道。

比如是否有分店、子企业、会员单位或忠诚的二级经销商等;是否在区域市场拥有销售场所如店铺、营业机构等;营业场所是否处于重要的商品集散地如批发市场等。

二、战略前瞻原则

选择经销商要有战略性、前瞻性。成员的选择不要仅仅看到眼前,要从战略的高度选择那些和本企业战略规划相一致或基本一致的经销商。

三、分工合作原则

分工合作原则是指企业所选择的经销商应当在经营方向和专业能力方面符合所建立的分销渠道功能的要求,要能够弥补生产企业在产品终端的销售劣势。尤其在建立短分销渠道时,需要对经销商的经营特点及其能够承担的营销功能严格掌握。

一般来说,专业性的连锁销售企业对于那些价值高、技术性

强、品牌吸引力大、售后服务项目较多的商品均具有较强的营销能力。各种中小百货商店、杂货商店在经营便利品、中低档次的选购品方面力量较强，但他们往往不愿意为有关商品做广告宣传。

某些商品的销售过程中需要专门的知识和经验，那些不具备相应知识和经验的经销商就不能被选择为本产品的经销商。如果勉强选用他们，不但会降低分销渠道的运行效率，还可能损害最终消费者的利益。

四、抗冲击力原则

抗冲击力原则就是指经销商成员选择匹配的问题。包括渠道的抗冲击力和可变性。当外部环境发生变化时，所选择的渠道应该能抵御外来的冲击，并保持市场销售和价格的基本均衡，当生产企业总体销售战略调整时，所选择的渠道应该能快速灵活地进行调整，以适应新政策和市场变化。

五、树立形象原则

商品分销渠道或销售地点不仅是现有商品的销售场所，也是生产企业建立企业形象、商品形象、让消费者产生欲望的信息载体。因此，渠道成员的形象也是设计者要重点考虑的问题之一。

对于拥有卓越品牌的生产企业来说，这一点尤为重要。一般情况下，知名生产企业总是与资金实力雄厚、信誉良好的渠道成员结为合作伙伴或战略合作伙伴。

对于形象起点不是很高的企业，如果能与享有盛名的经销商合作，自然可以提升企业形象和产品的品牌形象，也比较容易得到消费者的认同和青睐。

六、提高效率原则

经销商的经营管理水平会直接关系到他的资源利用率和员工士气，进而会影响工作效率。如果企业所选择的经销商缺乏经营管理水平，往往会影响整个营销系统的效率。

比如进货管理失去控制的经销商不是出现库满为患，就是出现货物短缺，这样的经销商在具体销售过程中往往会显得力不从心。

另外，经销商商圈的大小也是影响分销渠道运行效率的重要因素。所谓商圈是指一家商店能够有效吸引前来购买的顾客的分布范围和数量。商圈大小与经销商的地理位置、所在地域消费者的消费习惯、人群的密集程度、经销商的宣传力度以及声誉等有关。

商圈是评价经销商市场地位和商品营销效率的重要指标之一。经销商的商圈比较大，通常会有较多的顾客前来光顾和购买。当然，无论经销商拥有多大的商圈，如果经销商对推销某种商品的努力程度不够，或者根本不愿推销，一切都是空谈。

七、安全可控原则

目前，我国还没有建立起良好、完善的"商业信用"，由于成本和信息不对称的原因，靠企业自己也无法很好地对经销商的信誉进行评估，企业很难选择到信誉度很高的经销商。因而，企业要制定一系列的管理政策来减少风险，确保企业的资产安全。

八、同舟共济原则

生产企业与渠道成员之间的合作前提，在于生产企业与渠道成员之间的相互认同。只有全体成员具有共同的愿望、共同的抱负，具有良好的团队协作精神，才能真正建立一个高效的具有持

中小企业营销指南

续竞争力的分销渠道。因此，设计者在选择经销商时，要准确分析经销商参与有关商品分销的意愿、与其他渠道成员合作的态度，以便选择最佳的合作者。

一般来说，经销商的合作态度可以从接待联系人的热情程度、愿意承担的分销职能、利益的分割条件以及商业信誉等方面作出判断。

上述原则是从实现建立分销渠道的目标而提出的，它们是一个有机整体，反映了在建立商品分销系统时，企业与经销商共同合作、共享繁荣的要求。企业在为自己的产品选择经销商之前，要根据上述原则对各个可选择的经销商进行考查，尤其是对长期合作的伙伴，对其各种信息一定要了解清楚，只有这样，才能防患于未然，才能真正建立具有持续竞争力的分销渠道。

最大未必是最好

好的经销商不在于他的规模大小而在于他的营销模式，即使规模再大，如果营销模式落后，这样的分销企业早晚是要倒闭的。

规模大的经销商不一定能做好分销工作，规模大有时反而会左右你的市场营销策略，只有营销模式先进的经销商才能给你带来长远的利益。

某公司 A 市场回款 550 万元，比上个季度增长 6%；B 市场回款 120 万元，比上个季度减少 2%。按

中小企业营销指南

照销售部李主管的估计，B市场应该比A市场好，因为无论是从人口、数量、密度、经济生活水平，还是从投入的广告促销费用及同类产品竞争状况，B市场都比A市场有绝对优势，可实际上，A市场回款总额比B市场高出几倍。

看看A市场和B市场业务员的工作报告就知道问题出在什么地方。

A市场的经销商是一个刚刚成立一年的专职营销公司，几个年轻合伙人原来从事广告行销工作，资金上比较紧，目前仓库、办公营业场地都是租赁的，但几个人努力实干，代理两个品牌化妆品，业绩不断上升。

B市场的经销商是当地最大的百货公司，由老百货站几位经理承包经营，目前经销、代理十来个知名品牌化妆品，年销售额近一个亿。公司有专业的仓储、店面、运输车辆，财务全部电脑化管理，在当地提起该公司，几乎是无人不知。

A市场铺货覆盖率达95%以上，送货及时，节假日不休息，经销商经常协同厂家业务人员一起到现场促销，扩大销售，他们把销售厂家产品视为一次机遇，作为提升公司知名度的机会，业务运转几乎和厂家融为一体。

B市场铺货覆盖率不到50%，经销商认为产品价格太高，市场不大，不能铺得太多，太多了收款困难，风险大，业务员和他们交谈，他们不是要求厂家多投广告，就是说价高，而且经常要介绍亲戚、熟人做厂家业

务员、促销员，稍有不满意就有情绪，由于经销、代理的产品多，经常顾不上送货。针对上述问题厂家与经销商协商过多次，一直没有进展。

从上述例子不难看到，找经销商要找合适的，不要一味求大。合适的才是最美的，考虑经销商的综合实力、网络掌控能力、后继发展能力等是必要的。

企业在开发新市场之前，首先应明确区域目标、渠道目标，明确自己要让经销商在多大的区域、在哪些渠道做销售。其次企业根据目标市场规模、目标渠道的特殊要求来考虑经销商必须具备的在网络、资金、运力等方面的实力，经销商至少要能够给这些目标区域和渠道及时供货或提供服务。在此前提之下，经销规模甚至越小越好，否则经销规模越大内耗越多。

自建渠道自产自销

随着各种超级终端的不断涌现及逐渐强势，名目繁多的进场费、霸王条款等使企业的"话语权"越来越弱。有些企业在某些市场上甚至面临产品推广遭到终端阻碍、品牌遇到侵蚀、利润不断被盘剥等现象。在这种对企业极为不利的状况下，自建渠道不仅是一种解脱，更是一种自我超越和提升。

1993年，当TCL彩电进军彩电市场时，TCL集团

股份有限公司（以下简称"TCL"）就认识到营销网络在企业竞争中的作用，于是 TCL 非常注重自己营销网络的建设。随着 TCL 在各个区域市场中心城市突破成功，TCL 大规模的网络建设也迅速展开。

国内众多家电企业在开拓市场早期大多采用大户批发制方式，即由一个大经销商在一个地区作为独家代理，负责本地区的产品销售，以后随着市场规模的扩大，会出现多家批发商共同代理，由这些"大户"掌管产品在各地市场的开拓，直到目前，在白色家电业还有许多企业如长虹、格力、美的等都在采取类似的方法。

TCL 在早期的发展过程中也采用大户制的营销网络模式，但是在采用过程中，TCL 发现了诸多问题，如厂家与商家的利益冲突，价格混乱等等。对于大户制的营销网络模式，不管采取何种方式处理，都是技术层面的运作，并不能从整体上完成对市场的控制。因此，从1997 年开始，TCL 开始剔除大户，采取"直营制"的销售渠道，即由厂商自主独立经营，通过自己的销售公司直接面对经销商，实行对销售渠道拥有很大控制权的营销网络模式。

能表明 TCL 自己管理销售渠道决心之大的例子是其决不与"郑百文"（郑州百文股份有限公司）合作。当时"郑百文"是中国最大的彩电经销商，而 TCL 当时还较小，"郑百文"拿出一大笔钱要 TCL 的货，但 TCL 还是拒绝了"郑百文"。TCL 这样做就是为了自己的渠道，为了维持本企业对营销网络的控制。TCL 没有

批发商，各销售分公司就是最大的批发商，这样可以控制整个物流、价格。

在 TCL 的发展过程中，TCL 通过"直营制"营销网络模式一直牢牢主导着市场，控制着市场，并在每个发展阶段都敏锐地感受着市场的脉搏，正确地做出决策。TCL 在 1993 年还只有 10 多亿元的销售额，到 2001 年时销售额已突破 200 多亿元，一举成为广东最大的国有企业。

采取直销制可以直面终端市场，市场需要什么就生产什么，当不具备与对手直接交锋的实力时，就要靠直销制速度快的优点来与对手抗衡。

企业自建渠道有以下几个优势。

一、企业自建渠道可以控制"船"的运行方向

目前国内企业中，各行各业都有企业在自建渠道，华帝、雅戈尔、美的、格力等都是成功的案例。不可否认，企业自建销售渠道的确要承受非常大的压力，如资金、人才等各方面的压力。但是，企业与连锁巨头合作同样要承受非常大的压力，甚至要付出更大的代价。如果我们把企业自建渠道比喻为"造船"，那么依靠大卖场只能称之为"借船"。除了能消除名目繁多的各种费用等压力外，自建渠道还可以避免在有些终端手中操作品牌过多，一旦某个品牌利润较薄或者广告支持力度较小，就会在销售中遭受冷落等现象。

浙江奥康集团是一家知名的制鞋企业，它在全国开设了几千家自营专卖店，尽管它在专卖店创建及运行之中也背负了沉重的压力，但因为它是掌舵者，能控制"船"的运行方向，通过"借力"，与世界名牌鞋企业一起打造"名品空间"，实现强强联手，有效地提升了企业利润和品牌价值。

二、企业自建渠道可以让企业掌握先机

在一个"快鱼吃慢鱼"的竞争时代，谁的新信息收集转化快，谁的新产品上市快，谁就能抢占市场先机。而传统的代理商或经销商由于对生产企业开发的新产品缺乏明确的认识，对新产品上市信心不足，或者只打个人的小算盘，认为老产品还有市场销售力而不愿更新或者没有看清市场潜在的危机，因而会阻碍新产品及时上市推广；有时市场上同行的营销方式、产品更新、客户需求等信息向厂商反馈不及时、不准确，也会使生产企业错失良机。由此可见，自建渠道可以让企业掌握市场先机。

三、企业自建渠道可以使企业避免不必要的竞争

目前在国内一二级市场上，连锁巨头的空间战、价格战已经拼杀得令生产企业心惊胆寒，而对于人口基数大、市场容量大、竞争较弱的三四级城市，大型连锁渠道目前还难以触及。自建渠道可以抢先进入三四级城市，不管是为了缓和与大型连锁渠道的合作冲突、保护自己的价格体系，还是为了打压大型连锁渠道在不久的将来进入三四级市场，企业在三四级市场自建渠道，精耕细作，掌握主动权，都很有必要。

四、企业自建渠道有利于企业的品牌建设与维护

自建渠道对企业的品牌建设有着积极的推动作用。新产品在上市推广时，企业经常会碰到这样的情形：区域内很难寻找到与企业在经营理念、市场营销经验、管理水平与模式、卖场实力等方面一致或相匹配的经销商。

在这种情况下，企业就必须自建渠道，维护自有品牌形象，因为人们对于品牌的第一感觉同对一个人的第一感觉一样重要与深刻。当一个新品牌进入市场，第一次如果没有运作成功，要想第二次再腾飞，成功几率就会非常低。

自建渠道能增加企业对渠道的控制力，能使企业绕过超级终端和中间商，令他们无法盘剥企业的销售利润，这种说法当然没错，但是，自建渠道也有一些弊端。实质上，绝大多数企业都缺乏自建渠道和管理渠道的实力和能力。对这些企业来说，抛开大卖场等现代渠道来自建渠道，无异于拆掉自家的"长板"去补"短板"，只会把自己越补越"短"。有些企业资金十分有限，在产品上投入一点，在渠道上投入一点，在营运上再投入一点，结果什么都得不到重点照顾。有些企业根本没有搞清楚自己的竞争力在什么地方就去自建渠道，既没有将自己最优势的资源集中在最擅长的地方，反而使自己最在行最强势的业务得不到进一步强化，从而削弱了企业的竞争力。

另外，自建渠道要增加大量的人力和销售成本，使企业成本居高不下。

丝宝就是一个很典型的案例。为了和宝洁公司的产品在中国市场竞争，丝宝集团就采用了自建渠道精耕细作市场的方式，产品销售链非常庞大，其成本甚至高达销售额的30％以上。众多中小企业根本没有丝宝这样的实力，承受不起自建渠道的高昂成本。

俗话说，行业有分工，术业有专攻。渠道资源"一抓一大把"，对于并不擅长渠道运作的企业来说，如果还要搞重复建设，与专业的渠道商去竞争，难度可想而知。好多企业经营者可能会想当然地认为，渠道控制力加强，不让超级终端盘剥了，企业就可以节省好多费用。

可实际上，假如企业进了大的终端，一年可以销售 200 万元，而利润只有 3 万元，但自建渠道后，却有可能连 3 万元都赚不到。一方面，不进主渠道销售额会受到很大的影响，利润总额自然也会受到波及；另一方面，通过自建渠道而获得的利润有可能用在人工成本的增加上，用在铺货上，用在终端的维护上，用在渠道的管理上，同时，本来可以让渠道商先行垫付的一大笔终端要约成本，现在也需要自己直接现付。

自建渠道有利有弊，企业应根据自身的具体情况和市场情况，仔细分析，认真权衡，准确定位，作出最有利于企业发展的正确选择。

有效管理精耕渠道

企业一定要对自己的渠道进行有效的管理，如果一个企业对渠道失去控制，导致销售的混乱，最终损害的将是企业的整体利益。因此，企业在必要的时候一定要进行整顿。

作为"康师傅"系列方便面的生产商，顶益公司取得的市场成就有目共睹。随着竞争的推进，一些新问题摆在顶益公司的面前，过去顶益公司对经销商只有销量的要求而没有划分区域的要求，渠道中最大的问题是区域间和层次间的不良竞争，造成市场价格的混乱，渠道利润较低。推动商品流动的最重要的力量是渠

中小企业营销指南

道利润，所以价格一旦混乱市场就将失去控制。

面对上述问题，顶益公司与经销商进行了大量沟通，说明精耕对双方的利益，积极寻求经销商的合作、参与或配合，将其纳入新的渠道体系。顶益公司通过人员监控、编码管理、片区管理，了解货物流向，对不配合者的平抛、倒货等反弹行为坚决劝止、警告直至停货，表明了对精耕的实施决心，打消经销商的观望态度。

2000 年上半年，顶益公司的销量比前一年同期平均增长了20%左右，表明其市场占有率得到了进一步提高。

加强渠道管理，可以从以下几个方面入手。

一、价格统一化

实践证明，对经销商来讲，保证或增加赢利的重要措施不是价格高低，而是保持地区价格稳定。为了保持地区价格稳定，要在销售网络内部实行严格的级差价格体系。

级差价格体系是在销售网络内将经销商分为总经销商、二级批发商、三级零售商的基础上，由销售网络管理者制定的包括总经销价、出厂价、批发价、团体批发价和零售价在内的综合价格体系。制定级差价格体系是在确保销售网络内部各个层次、各个环节的经销商都能获得相应利润的前提下，根据经销商的出货对象规定严格的价格，以防止经销商跨越其中的某些环节，进行窜货（是指经销商跨过自身覆盖的销售区域而进行的有意识销售）活动。

二、约束合同化

合同一旦签订就等于双方达成了契约，如有违反就可以追究当事人的法律责任。

首先，在合同中明确加入"禁止跨区销售"的条款，将总经销商的销售活动严格限定在自己的市场区域之内，严防窜货。

其次，为使各地总经销商都能在同一价格水平上进货，应确定厂家出货的总经销价格为到岸价，所有在途运费由厂方承担，以此来保证各地总经销商具备相同的价格基准。

再次，在合同中载明级差价格体系，在全国执行基本统一的价格表，并严格禁止超限定范围浮动。

组成商会，商会由每一个地区的所有经销商组成。经销商以一定的会费（用于商会的运作）参与商会，商会成员之间达成协议，相互监督，并制订一些将窜货纳入考核的奖惩措施。如广州立白企业集团有限公司与格力电器股份有限公司都已采用了商会制度来控制和防止窜货。

三、包装差别化

包装差别化是指厂方对相同的产品采取不同地区不同外包装的方式。只有这样才能在一定程度上控制窜货。主要措施如下。

一是通过文字标识，在每种产品的外包装上，印刷"专供XX地区销售"。可以在产品外包装箱上印刷，也可以在产品商标上加印。这种方法要求这种产品在该地区的销量达到一定程度，并且外包装必须无法回收利用，才有效果。问题是，如果在该地区该产品达到较大销售量，就为制假窜货者提供了规模条件。

二是商标颜色差异化，即在不同地区，将同种产品的商标，在保持其他标识不变的情况下，采用不同的色彩加以区分。

三是外包装印刷条形码，不同地区印刷不同的条形码。这样一来，厂方必须给不同地区配备条形码识别器。采用代码制，就可使厂家在处理窜货问题上掌握主动权。

首先，由于产品实行代码制，能对产品的去向进行准确无误的监控，避免经销商有恃无恐，使他不敢贸然采取窜货行动。

其次，即使发生了窜货现象，也可以明白产品的来龙去脉，有真凭实据，处理起来相对容易。但有的经销商会将条形码撕掉。

这些措施都能在一定程度上解决不同地区之间的窜货乱价问题，维护市场的稳定，保证整体的利益均衡。

只有对营销渠道实施有效管理，才能提高营销渠道的效率。

第九章 留住客户服务到位

一流的服务一流的营销力

一个成功企业，它销售的不仅仅是优质的受欢迎的有形实体产品，而且还包括尽善尽美的服务。

今天的消费者，已经不是过去那种只对产品本身感兴趣的消费者，而是将产品与其他要求结合起来，既要追求产品本身的品质，又要追求在消费过程中有所体验的群体。很多市场经验证明，只有能够给消费者带来更好感受和体验的商家和企业，才能够更多地吸引消费者，让消费者在众多的竞争者之中选择它。一个企业良好周到的服务既能够充分满足消费者在消费过程中的需求，又能够给他们带来非常愉快和舒服的感受，这种感受会让消费者下次再去消费。

为了能够争取更多的顾客，企业除了必须持续一致地为客户提供高"性价比"的产品外，还必须为客户提供一流的服务。

成功的客户服务战略不会自动形成，它必须通过规划、执

行、监控、调整才能日趋完美。为了创建成功的客户服务战略和与之配套的高效组织体系，企业需要制定并反复完善相应的管理流程，只有如此，才能保证企业为客户提供优质的服务。

一名有效的管理者，应努力将"销售导向型"企业转变为"服务导向型"企业。这对企业获得长期成功是非常必要的。

英国航空公司（以下简称"英航"）在科林·马歇尔接任公司总裁之前，是一个非常糟糕的公司。它的员工大量流失，而且广大顾客觉得英航的飞机比较肮脏，纷纷转向那些规模小却有生气的竞争者，这使公司面临困境。

科林·马歇尔的上任给英航带来了神奇的变化。马歇尔进行了改革，重新编组了英航的机群，并重新调整了公司资金结构以及员工薪金。对于马歇尔来说，最重要的改革就是要改变员工的观念，振作他们的士气，恢复他们的信心。马歇尔的目标是要让英航成为世界上最优秀、最成功的航空公司。为此，马歇尔采取了两条措施：一是努力调动员工的积极性和提高工作人员的素质，二是开展"顾客第一"的培训活动。

为挽留住顾客，为他们提供更好的服务，只有提高员工的工作效率和工作热情。马歇尔认为，只有坚持不懈地向顾客提供优质服务，公司才能重新振兴。如何提供优质服务呢？马歇尔进行空间运输改革，他把膳食和饮料引进了区间运输线，让员工把飞机收拾得更干净整洁，让顾客可以在飞机起飞前买票订座，鼓励全体机组

人员诚心欢迎每一位顾客，热情周到地为他们服务，他还不断地催促地勤人员提高飞机起飞的准点性。这些旨在通过鼓励员工达到提高服务质量的改革，取得了显著成效，许多离去的顾客又被吸引回来了。

马歇尔还实行了"顾客第一"的培训活动。首先，从顾客联络员开始培训，当时英航的全部（约 2.1 万名）联络员都投入了这次"如何使顾客感到满意"的活动中。然后，培训活动扩展到公司的每个人。这些培训内容包括：大脑的功能、压力的控制、身体语言，以及正反两方面的思维等。为了让员工明白这种培训的重要性，马歇尔也亲自参加了这些培训课程的学习。这种培训使得公司员工学会了如何处理它们之间的关系，并且也认识到处理好这两种关系是同等重要的。

培训活动也带来了显著成效，英航不断有人想出新招来提高公司的服务质量和改善公司的形象。例如在圣乔治节这一天，给每一位顾客送上一朵红玫瑰花。这些新举措，终于使英航摆脱了困境，在航空业界重新崛起，成为举足轻重的航空公司之一。

马歇尔的信条是：乘客是第一的、是一切的一切。一个航空公司好比一个汽车出租公司，只有提供比其竞争对手更好的服务质量，才会战胜对手。

服务也是产品，服务是顾客需求的核心内容，是产业链变革的主题，是企业竞争优势的源泉，相对于技术、质量、价格、渠道这些营销要素而言，服务更容易为企业营销带来飞跃。在营销

第 九 章

背景下，服务已不再是一种被动应对，而是一种主动迎合，是一种战略性的销售工具和赢利工具。

如果说产品是企业的形象，那么服务就是企业的灵魂。它虽然是无形的，但是它对于消费者的消费却有着决定性的影响力。

21世纪需要的是无处不在的服务和不断完善的服务细节，谁拥有了顾客，谁就能赢得市场，就是市场的胜利者。

事实上，在品牌竞争和服务竞争时代，企业要想营造出独一无二的竞争优势，就必须强化企业的服务能力，以服务来营造竞争力。

用真诚为顾客服务

很多企业提倡为顾客服务，但是服务没有深入进去，没有用心，只是流于表面形式，这样的服务是不能打动消费者的。

不管王永庆的事业如何成功，他本人最愿意谈论的就是他开米店的经历。王永庆曾经撰文述说开米店给他带来的人生启示：做人要讲诚信，做生意更要讲诚信，经营公司要满足顾客的纵深服务要求。

王永庆15岁那年到一家小米店做学徒。后来他用父亲借来的200元钱做本金自己开了一家小米店。为了和隔壁那家日本米店竞争，王永庆颇费了一番心思。当时大米加工技术比较落后，出售的大米里混杂着米糠、

中小企业营销指南

· 182 ·

沙粒、小石头等，买卖双方都见怪不怪。王永庆则多了
一个心眼，每次卖米前都把米中的杂物拣干净，这一额
外服务深受顾客欢迎。王永庆卖米多是送米上门，他在
一个本子上详细记录了顾客家有多少人、一个月吃多少
米、何时发薪等。算算顾客的米该吃完了，就送米上
门；等到顾客发薪的日子，再上门收取米款。他给顾客
送米时，并非送到就算，他先帮人家将米倒进米缸里，
如果米缸里还有米，他就将旧米倒出来，将米缸刷干净
吹干，然后将新米倒进去，将旧米放在上层。这样，米
就不至于因存放过久而变质。他这个小小的举动令不少
顾客深受感动，王永庆用他的真诚服务赢得了一大批老
客户。王永庆的米店生意越来越好。

　　王永庆卖米不仅靠的是米好，关键在于他用了心！用心去研
究顾客，服务顾客。研究顾客的心理，研究如何满足顾客需要。
不单纯是卖给顾客产品，而且是将顾客的需求变成自己的服务项
目，与产品一同给予顾客。从这家小米店起步，王永庆最终成为
今日台湾工业界的"龙头老大"。

　　由此我们更可以看出服务的价值。顾客从其他米店也可以买
到米，但从王永庆的米店里买米，会感觉自己的所得是超过产品
价值的，这超出的价值便是服务。令人感动的服务绝不仅仅是微
笑能涵盖的，它融合在每一个工作细节里。衡量的标准是：能否
在与顾客交往的每一个环节上都细心地为顾客的方便与顾客的利
益着想？

　　海尔集团（以下简称"海尔"）是个用心的企业，海尔空调

把服务做到了尽善尽美的程度。在科技日益发达、技术日益进步的今天产品质量已经不是消费者追逐的重点，因为各个企业产品的质量、技术都相差不远。此时，服务就成为了决定企业在市场竞争中成败与否的关键因素。海尔无疑是其中的佼佼者：海尔坚持提供 24 小时免费咨询电话，24 小时内上门服务，所有服务人员都经过严格培训。统一着装、统一用语、统一制度，让消费者真正感受到"上帝"的待遇。海尔并不只是口头说说而已，更重要的是，它能始终如一地坚持下来，放在了心里；而其他企业虽然也常宣传自己的服务，但能做到 24 小时上门服务的没有几家，更不用说统一着装、统一用语、统一制度了。可以说，海尔的服务在国内是独一无二的。也正因为海尔的服务好，所以消费者可以接受海尔的高价格，毕竟高价格带来的是高服务质量、高享受。

只要是真心为顾客，顾客就能感受得到。只有真心为顾客服务，顾客才能成为企业的忠实客户。

给顾客宾至如归的感觉

家庭对每个人来说都有举足轻重的意义，尤其是对家庭观念很强的中国人来说，家的感觉和氛围是他们最熟悉的也是最渴望的，很多人都喜欢回家的感觉，因为家庭对每个人来说是心灵休息的港湾、是挡风遮雨的场所，它意味着亲切、温暖和放松。所以，如果经营者在营销过程中能够全力为顾客营造像家一样的氛围和感觉，就会让顾客产生亲切感和满足感，那么就能让自己的营销更胜一筹，更容易获得顾客的青睐，进而达到营销的成功。所以，给顾客宾至如归的感觉，是营销当中的又一个秘诀。

从5 000美元发展到数十亿美元，名声显赫于全球的美国希尔顿酒店，半个世纪以来，不论经济如何波动，但它的生意长期火暴，财富增加直线攀升，稳坐世界酒店业"大哥大"地位。

80多年来，希尔顿饭店生意如此之好，财富增长如此之快，其成功秘诀就是牢牢确立自己的企业理念——微笑服务，并把这个理念贯彻到每一个员工的思想和行为之中。饭店创造了"宾至如归"的文化氛围，注重企业员工礼仪的培养，并通过服务人员的"微笑服务"体现出来。

企业礼仪是企业的精神风貌。它包括企业的待客礼仪、员工风度、环境布置风格以及内部的信息沟通方式等内容。企业礼仪往往形成传统与习俗，体现企业的经营理念。它赋予企业浓厚的人情味，对培育企业精神和塑造企业形象起着潜移默化的作用。

希尔顿十分注重员工的文明礼仪教育，倡导员工的微笑服务。他每天至少到一家希尔顿饭店与服务人员接触，向各级人员（从总经理到服务员）问得最多的一句话，必定是："你今天对客人微笑了没有？"

1930年是美国经济萧条最严重的一年，全美国的旅馆倒闭了80％，希尔顿的旅馆也一家接着一家地亏损，一度负债达50万美元。但希尔顿并不灰心，他召集每一家旅馆的员工，向他们特别交待和呼吁："目前正值旅馆亏空靠借债度日的时期，我决定强渡难关。一旦美

国经济恐慌时期过去，我们希尔顿旅馆很快就能进入正常的局面。因此，我请各位记住，希尔顿的礼仪万万不能忘。无论旅馆本身遭遇的困难如何，希尔顿旅馆服务员脸上的微笑永远是属于顾客的。"事实上，在那纷纷倒闭后只剩下的20％的旅馆中，只有希尔顿旅馆服务员的微笑是美好的。

经济萧条刚过，希尔顿旅馆系统就领先进入了新的繁荣期，跨入了经营的黄金时代。希尔顿旅馆紧接着充实了一批现代化设备。此时，希尔顿到每一家旅馆召集全体员工开会时都要问："现在我们的旅馆已新添了第一流的设备，你觉得还必须配合一些什么第一流的东西才能使客人更喜欢呢？"员工回答之后，希尔顿笑着摇头说："请你们想一想，如果旅馆里只有第一流的设备而没有第一流的服务员的微笑，那些旅客会认为我们供应了他们全部最喜欢的东西吗？如果缺少服务员的美好微笑，正好比花园里失去了春天的太阳和春风。假如我是旅客，我宁愿住进虽然只有残旧地毯却处处见到微笑的旅馆，也不愿走进只有一流设备而不见微笑的地方……"当希尔顿坐专机来到某一希尔顿旅馆视察时，服务人员就会立即想到一件事，那就是他们的老板可能随时会来到自己面前再问那句名言："你今天对客人微笑了没有？"

希尔顿成功的秘诀，就是要给顾客宾至如归的感觉。

在现代营销当中，尤其对服务行业的经营者来说，给顾客营

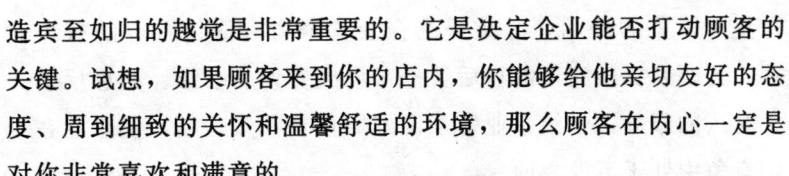

造宾至如归的越觉是非常重要的。它是决定企业能否打动顾客的关键。试想，如果顾客来到你的店内，你能够给他亲切友好的态度、周到细致的关怀和温馨舒适的环境，那么顾客在内心一定是对你非常喜欢和满意的。

售后服务热情到位

售后服务是指产品生产厂家在产品售出后对消费者提供的一系列服务，包括产品的安装、调试、使用方法讲解、介绍产品零配件的更换、产品故障的维修。售后服务是一个企业整体服务水平的体现，也是一个企业获得市场竞争力的重要环节。尤其是对一些高档耐用型的消费品，售后服务是顾客最为看重的一个环节，有的消费者甚至对产品的优质全面的售后服务的重视程度超过了产品本身，有的消费者更是宁愿花更高的价格购买售后服务完善的产品。

将售后服务当做是企业争取市场的一块阵地。良好的售后服务体现在为顾客送货安装，为顾客讲解产品的使用方法，为消费者提供细致周到的咨询和帮助，为消费者解决产品使用过程中的各种障碍和困难，及时到位的维修服务和定期的客户意见回访服务。在消费者购买产品之后，为消费者提供全方位的产品质量保障和咨询服务，应该贯彻到产品使用的始终。

事实证明，在"买方市场"为主导的市场经济条件下，售后服务已经成为企业不可缺少的一部分，既是企业生产的延伸，又是企业形象的展示，还是提高企业竞争力和赢得顾客的有力武器。为顾客提供完善的售后服务，形成咨询、维修、信息反馈一条龙式的服务，会给企业带来良好的信誉和知名度，使企业在市场竞争中处于不败之地。

20世纪90年代，在四川省郫县的百货公司，因为一位不称职的采购员通过非法渠道购进了一批菲亚达手表，这批手表上架不久就销售一空。

五个月后，有位顾客来到百货公司反映手表有质量问题，要求退货。当时百货公司经理并不知情，就把手表寄到飞亚达厂家，后经查证是冒牌货。百货公司经理决定原价退货，补偿顾客的来往交通费并向顾客真诚道歉。同时百货公司通过县电视台告示曾经在县百货大楼购买飞亚达手表的顾客，到百货公司办理退货手续。大部分顾客都来办理退货了，但其中仍有一位顾客迟迟不来。

这件事过去了半年之后，那位顾客终于出现了。她因为出国探亲刚刚回来，听说那个告示后，抱着试一试的态度来退货。

县百货公司经理亲自接待了她，在表示由衷的歉意后，不但按原价退了手表，补偿了交通费，还将手表价款按银行同期利息给予补偿。

这位女士接过手表退款，感动地说："你们公司对顾客这样负责。我要告诉乡亲们，让大家都到你们这里来买放心货。"

售后服务，以赢得回头客，它既是促销的手段，又充当着
"无声"的宣传员。

消费者在尝试使用一款新产品、一项新业务时，都有"试试
看"的心理，如果在使用的过程中感觉不方便、售后服务不好，
那就会一传十、十传百地从负面宣传这款产品或这项业务。可以
说，好的售后服务，就是一把无形的利器，那么，售后服务做到
什么地步，才算是"优质"的呢？

一般来说，要想达到"优质"售后服务，应做到以下几个方
面。

一、由衷地理解客户

要知道，当你的产品出现问题时，客户的愤怒就像充气的气
球一样，如果客户的怨气发不出来，必然会在你和客户之间产生
难以消除的隔阂。所以，必须要让客户将怨气适当地发泄出来，
毕竟客户的本意也是想"表达他的感情并把他的问题解决掉"而
已。那么，当客户向你发脾气、道牢骚的时候，你应当采取什么
样的方式来对待呢？一般来说，最好的方式是：闭口不言、静心
聆听。不过要注意，千万别让客户觉得你在敷衍他，所以应该保
持情感上的交流。认真听取客户的意见，把客户遇到的问题判断
清楚。

二、诚恳地表示道歉

有的时候，道歉并不意味着你做错了什么，而是一种缓冲矛
盾冲突的手段而已。必须明白，在这里重要的不是要追究谁对谁
错，而是该如何解决问题并阻止它的扩大和蔓延。记住：花费大
量的时间去弄清楚究竟是谁对谁错，最终的结果无论对哪一方都
是没有好处的。

三、收集有用的信息

要注意，客户有时候可能会省略掉一些重要的信息。因为他们以为这并不重要，或者碰巧忘了告诉你（当然，也有的客户为了掩饰自己的过错而刻意隐瞒的）。但是，你一定要记住自己的任务，那就是"了解当时的实际情况"。另外，还必须要搞清楚客户到底要的是什么，千万不要只是按照表面意思去理解，那样一来可能会产生更大的麻烦！假如客户和你说："你们的产品不好，我要换货。"你能知道他内心的想法吗？不能。所以，你要从他们的话中找到你需要的答案，要挖掘，要思索。

四、提出解决的办法

这一步骤最为关键，因为对客户的问题提出解决办法才是我们的根本。给顾客提出一个解决方案是至关重要的。回想一下，当我们在饭店等候饭菜上桌时，那些饭店老板是通过哪些小手腕来减少顾客等待的焦急的？一般来说，他们可能会给你一盘小菜或者是一杯免费的酒，对吗？那么，你面对客户时，也可以通过类似的办法来找到有效的解决办法。

五、询问客户的意见

在为客户解决问题时，会出现客户与你的想法相差甚远的情况，此时，你考虑过应该怎么办吗？彼此协商，互相让步，达成一个彼此都能接受的方案。

六、要做好跟踪服务

总的来说，跟踪服务应该贯穿于售后服务的始终。因为只有如此才能在第一时间发现问题，并迅速地解决它。

"我坚信，销货始于售后。"这是美国汽车经销商吉拉德的著名信条。"销货始于售后"的意思是说：要做好生意，货物售出不是终结，而恰恰是它的开始。这就意味着，货物由卖主卖到买主手里后，卖主的责任并没有完结，还要进行一系列的跟踪服务，甚至在产品使用的全过程中，都对买主负责。

企业一定要做好售后服务工作，售后服务是完美营销的重要组成部分。

给客户超出期望的服务

有个修自行车的师傅，生意十分火暴，周围很多同行的生意都被他抢去了。不仅如此，很多人还愿意从很远的地方跑来让他修。那么，是他的技术多么高超吗？并不是这样，原来，这位师傅有个习惯，每次修完车之后都要帮顾客把自行车擦得干干净净，就像一辆新车一样。而这一点并不是顾客自己提出的要求，也不在他修车工作的范畴之内，但他一直坚持这样做。可想而知，当顾客拿到车时是多么的惊喜。因为他为顾客创造了附加价值，而其他的修车人却做不到，这就是顾客为什么都选择他的原因。

作为销售员，都羡慕、敬佩那些销售大师，并且希望自己也能够掌握使客户源源不断的秘诀。其实这个秘诀并不深奥，我们从温哥华繁荣的旅游业中就可以得到一些启示。

温哥华是西太平洋沿岸美丽的海港城市，是著名的观光胜地。温哥华被授予"最佳旅游目的地"、"北美最好的城市"、"世界最佳商务旅行目的地"等多项美誉，并且让游人流连忘返，有

许多游客每年都要固定去温哥华休假。

温哥华是如何留住游客的呢？

温哥华之所以如此吸引游客，就在于温哥华旅游目的地营销组在服务过程中给游客提供了意外的价值期待，这项服务使温哥华作为国际旅游目的地的竞争力倍增。"超出期望"，已成为温哥华旅游业品牌的核心价值内涵。

温哥华旅游业服务者通过不间断的问卷调查与游客进行双向沟通；迅速响应游客的期待或意见，马上采取措施，制定一套服务机制，并落实到服务工作的每一个细节中；敏锐观察游客的需求，时刻想到游客前面，不仅解决了他们的基本问题，而且还透过对游客的了解，记住他们的偏好与特殊需求，超出他们的期望，给他们带来惊喜。

温哥华旅游产业之所以如此发达，就是因为营销者充分把握了游客的这种心理，在服务上做了百分之二百的努力来打动他们。

事实上，顾客在消费时内心都有一个已经设定好的期望值，当这个期望值被商家满足后，顾客自然满意，但这还不足以使顾客与你成交并且成为你忠实的老客户。我们都知道，在情场上，给对方意外的惊喜是永不过时的妙招，那些能够给女孩带来意外惊喜的男孩通常能够赢得芳心，成为竞争中的胜利者。其实，在商场上也是如此，而且有过之而无不及。就像恋爱中的情侣渴望收到对方带来的意外惊喜一样，在客户心里，如果能够感受到销售员超值的服务的话，那么他自然会更加愿意与你成交。

艺术搬家公司是日本乃至东南亚国家都有名的搬家公司。这个公司的创始人是曾为家庭主妇的寺田千代乃。

在一般人看来，搬家公司这种行业只是小打小闹的苦力作业，不可能有太大的出息。

但寺田千代乃却不顾一切，决心闯出一条搬家的新路子，她把自己的公司定名为"艺术搬家公司"。

"艺术搬家公司"的经营秘诀实际上就是尽量扩大服务的深度和广度。例如在为顾客服务的时候，不仅帮他们搬行李，还免费提供家具除虫、新居的清洁工作、代替迁者向新旧邻居问好等。顾客反映说："他们很细心照顾我们的家具，服务也非常周到。"

寺田千代乃凭靠非凡的勇气，冲破传统观念的偏见，终于闯出一条成功之路。如今，她的"艺术搬家公司"在日本各地已设立了55个办事处，另有5个海外机构，生意越做越红火。

为顾客提供服务时，不要只提供一些应该的基本的服务，而且要尽量提供超值服务，即扩大服务的深度和广度。

在市场营销中，如果说产品凭借着品牌影响力、过硬的质量、低廉的价格等因素就可以畅销无阻的话，那么根本就不需要销售人员的存在了。销售人员存在的意义在于为客户创造价值。把产品卖给客户，让他们获得了利益是不是为他们创造了价值？答案是肯定的，但这些还远远不够，因为这是任何一个销售人员都可以做到的。我们所谈的创造价值，更重要的是指为客户创造出产品价值本身之外的附加价值，其实，这个附加价值，才是销售员存在的价值所在。这是在竞争激烈的买方市场条件下销售人员必须做到的事情，如果做不到这一点，我们就很有可能败给其

他能够带给客户"意外惊喜"的销售员。

所以，在市场营销中，除了满足客户的基本要求，还要能够带给客户附加值，让客户每次都有意外收获，这样才能留住客户，保持客源不断。

创造客户需求的情感服务

所谓情感服务就是指一个企业在客户服务管理总体战略指导下，在充分了解客户需求的前提下，在引导消费者作出购买决定时，更要用自己周到而独特的服务手段，使客户对自己的产品从情感上、心理上产生认同。

实施情感服务时，企业应注意做到如下几个方面。

一、开发情感产品

在不同的市场供求状态下，消费者对产品的要求是不完全相同的。一般来说，当商品供不应求时，人们更注重其满足生理需求的效用，往往无暇顾及围绕产品而展开的其他功能的要求；而当供过于求时，人们便开始较多地注重产品满足心理需求的程度，越来越要求产品能给自己带来舒适、愉快、享乐。因此，企业在开发产品时必须融入比以往更多的服务才能使客户感到满意。我国目前的消费正在向高层次需要迈进，因此，开发情感产品，满足消费者的心理需求，将有利于商家在激烈的市场竞争中取胜。江西有一位聪明的种瓜女，当西瓜长到八成熟时，便将写有"吉祥如意"、"生日快乐"、"健康长寿"等词语的纸条剪成空心字贴在西瓜上，通过阳光的照射作用，几天后西瓜便"长出"清晰的文字来。结果，"长字"的西瓜在外观上给顾客以美的感受，引得瓜商们纷纷前去抢购。这位种瓜女之所以会成功，最重要的原因是她种的"长字"的西瓜满足了消费者对健康、吉祥的心理需求。再如，有些企业抓住现代都市女性在穿着方面渴望返朴归真的独特心理，从自然界获取原料设计并生产出各种全棉、亚麻、真丝服装，投入市场后，备受女性欢迎。

情感产品之所以受到人们的青睐，根本原因是企业站在用户立场上，以消费者满不满意、喜不喜欢作为产品设计和开发的准则，融入了企业对消费者的一片深情和爱心，从而在情感上触动了消费者，使消费者产生购买的欲望，并最终形成购买行为。

人的感情按人际关系的不同标准，可分为父母儿女情、夫妻情、战友情、恋人情、邻里情、师生情、同窗情等等。不少产品本身没有任何感情色彩，可一旦取一个有感情色彩的名称，便一下子充满了人情味，从而产生吸引力。

菲律宾南海里有一种小虾，自幼便往有隙的石头裂缝中钻，雌雄配对后就相依为命，不再出来，在石头裂缝中度过它们的一生。这种虾既不好吃，更不好看。在菲律宾人眼里是一种既不中用又无价值的东西。

可是精明的日本商人在菲律宾海滩见到这种虾并听到关于它的介绍后，却认为它能成为一种畅销产品。于是便大量收购运回日本，加工成高雅的结婚礼品以飨顾客，并起了个极富情感的产品名称——"偕老同穴"，象征着恩爱终生。尽管售价很高，但投放市场后迅速被抢购一空。

日本著名企业家松下幸之助说得好："讨厌的东西，即使送

给您，相信您也不会接受；而喜欢的东西，即使要花费庞大的金额和代价，您仍会去争取它……畅销的秘密完全在于一个企业如何为客户服务，掌握消费者好恶的感情。"

二、设计情感商标

情感商标是运用情感服务原则，将企业的经营理念、经营特色、发展追求、历史传统、文化特性等丰富的内涵蕴寓其中，并让浓厚的情感色彩表现出来，以引发消费者强烈的情感反应。从而实现企业的客户服务管理总体目标。

许多产品都是感情的象征。给产品取一个能诱发客户情感的名称，常常能打开产品销路，如前几年出现的"情人卡"、"尊师卡"、"生日卡"、"贺卡唱片"、"贺卡电报"等产品，抓住了感情的特征给产品命名。在"情"字上做文章，故而十分畅销。有些产品虽然不是感情的象征，但也蕴含着某种感情因素。挖掘出这些感情因素给产品命名，同样能激发消费者的感情和购买欲望。如日本松下公司销往我国的洗衣机取名为"爱妻号"，就是抓住丈夫们怜爱妻子的心理进行"煽"情，效果极佳。

以人名与地名命名的产品，一般都有一定的感情色彩，对消费者也具有相当的吸引力。用作产品名称的人名，大多是一些著名人物的名字；用作产品名称的地名，也大多具有悠久灿烂的历史，是人们所熟知或向往的地方。这样命名，能唤起消费者积极的情感，具有一定的魅力。

例如，河南的"杜康"酒，以我国酿酒鼻祖杜康的名字命名，用文字把特定的人与特定的产品联系起来，引发了消费者对特定人物的追忆与联想，唤起了消费者积极的情感，并产生了购买欲望。

三、使用情感包装

从市场营销的角度讲，包装有促进销售、美化产品、保护产品、提高知名度等作用。在当今激烈的市场竞争中，要想提高企业的竞争实力，塑造良好的企业形象，情感包装是一条捷径。情感包装就是通过对各种包装材料、图案、色彩、造型的巧妙设计和灵活组合，赋予商品不同的风格和丰富的内涵，引起消费者不同的情感感受，博得其好感和心理认同。

实施情感包装尤其应注重色彩的运用。就情感包装而言，色彩的诱惑力是不可低估的。

美国宝洁公司在中国市场推出的洗发香波有飘柔、潘婷、海飞丝三个品牌，每个品牌都被赋予了鲜明的个性："飘柔"——使头发光滑柔顺飘逸；"潘婷"——为头发提供营养保健；"海飞丝"——"头屑去无踪，秀发更出众"。为了突出自己鲜明的个性，这三种洗发水的包装都采用了恰当的色彩："海飞丝"采用海蓝色，让人联想到蔚蓝的大海，产生清新凉爽的视觉感受，突出了产品的去头屑功能；"飘柔"的草绿色包装给人以青春的感受，并使人产生柔顺的感觉；"潘婷"杏黄色的包装给人以营养丰富的视觉效果，突出其"从发根渗透至发梢，使头发健康亮泽"的营养型个性。

在 1995 年全国洗发水市场调查中，这三个产品囊括了"理想品牌"、"实际购买品牌"等项目前三名。宝洁公司的成功得益于产品的品牌形象塑造，其富于情感的色彩包装，突出了产品的个性，增加了产品的吸引力。

四、制作情感广告

情感广告是指广告通过表现与产品、服务相关的情绪、情感

中小企业营销指南

因素来传达广告信息，以此对受众的情绪与情感造成冲击，使他们产生购买产品或服务的欲望和行为。它适用于装饰品、日用品、化妆品、其他时髦商品和可以给消费者带来某种积极的心理感受的服务。情感广告以向受众传达某种情绪或情感，唤起受众的认同为主要目的。

广告要以情动人，但又不能滥情，关键之点是要因势利导，使客户在广告中感到企业为他们提供的服务能真正满足他们的需求。广东威力集团在广告媒介中最早推出的带有情感色彩的广告口号"威力洗衣机，献给母亲的爱"，通过大众传媒的广泛传播，曾给广大公众带去了一股清新的气息。这个广告语精炼而富有深刻内涵，激发了成千上万人心中最美好的情感——对自己母亲的真挚情感。这个广告口号取得了很好的传播效果，使得威力洗衣机销量大增。据说在农村，许多民工将外出打工的收入用来买洗衣机给母亲。买什么牌子呢？当然是威力，因为它是献给母亲的爱。

五、实施情感服务

美国著名营销学家李维特曾说："未来竞争的关键，不在于工厂能生产什么产品，而在于能为产品提供多少附加价值。"产品附加值产生于售前售后的服务之中。作为现代企业来讲，要想赢得客户的心，必须用充满情感的服务来感化消费者，以有情的服务赢得无情的竞争。

联想公司成功的"王牌"之一就是实施情感服务，让消费者在享受情感服务的同时成为联想品牌的忠诚客户。为了提高客户的满意度，联想公司推行"五心"服务的承诺："买得放心、用得开心、咨询后舒心、服务到家省心、联想与用户心连心"，从

而大大拉近了客户与公司的关系。

在售前阶段，联想不仅采用传统的广告营销手段，而且通过新产品发布会、展示会、巡展等形式介绍公司的产品，提供咨询服务。

在售中阶段，联想不仅提供各种优质服务，而且帮助零售商店营业人员掌握必要的产品知识，使他们能更好地为客户提供售中服务。另外还推出家用电脑送货上门服务，帮助用户安装、调试、培训等。

在售后阶段，联想设立投诉信箱，认真处理消费者的投诉，虚心征求消费者的意见，并采取一系列补救性措施，努力消除消费者的不满情绪。

另外，联想还加强咨询、培训工作，建立用户协会，出版"1＋1"俱乐部刊物，举办各种活动，如"电脑乐园"、"温馨周末"等，向消费者传授计算机知识、提供信息、解答疑问。

联想通过一系列的具体服务行动，向客户传递了爱心，让消费者切实感受到了企业的真情，许多人由此成了联想集团的忠诚客户。

企业可以在情感上打动消费者，从而让消费者死心塌地成为你的固定客户。

针对顾客的服务要个性化

随着社会转型发展，市场进入一个"个性化"的消费时代，

在产品多样化、差异化盛行的今天，服务仍向着同质化、趋同化的方向发展是不应该的，这时候仅仅从关注客户需求方面寻找差异化是远远不够的，也是不符合时代潮流的。

从人们的内心来说，每个人都希望自己能够被注意，能够与众不同，追求个性是这个时代的潮流和趋势，也是市场经济的特点。美国消费者协会主席艾拉·玛塔沙说过："我们现在正从过去的大众化消费时代进入个性化消费时代。"

个性化消费时代的特征是，不希望看到别人和自己用同样的产品，这是人们寻求自我展示和自我解放的方式。这也就是为什么很多名牌服装一种款式只做寥寥数件的原因。出现个性化消费，首先的一个原因是人们自身素质和消费水平的提高，已经从大同化的消费时代觉醒，开始追求自我个性的施展，这是人们思想进步和开放的表现。其次，是因为市场当中的很多商品供大于求，让消费者的选择余地增多，这也为个性化消费创造了条件。

为适应个性化消费的特征，企业提供的服务也必须个性化，要能针对不同顾客的特点，充分满足他们的个性需求。个性服务从本质上体现的是对顾客的尊重和对顾客的了解。在这个商品大同现象严重的时代，能够针对顾客的需求和特点提供不同的服务，无疑能够让顾客感受到商家的诚意，获得心理上最大的满足。个性化服务是一种更高层次的服务，它能够将顾客的各种具体情况都考虑到，在区别化的针对性的服务中让顾客获得最大限度上的满意。

个性化服务是由一个系统化的工程打造的，它不仅仅要求对顾客的身份、地位、籍贯等情况一清二楚，还要将顾客的爱好、目标和未来计划作为服务的参考依据。这是完完全全按照顾客的愿望提供服务的方式，是买方市场占主导地位的经济形态的最好诠释。

企业或者经营者若以个性化服务为标准，无疑是提升自己形象、品位而获得顾客青睐的重要手段，个性化服务将会成为时代的趋势。

在汽车行业，宝马汽车一直是尊贵和高品质的象征。在顾客心目中，宝马就是高品质、高级别、高性能产品的代名词。宝马汽车公司作为汽车行业的领先者，非常重视对顾客个性化需求的满足，将个性化服务演绎得到位而充分。宝马汽车公司推出了提前预订的方式，为顾客量身打造自己喜爱的独一无二的汽车。在宝马汽车公司，任何顾客都可以提前半年预订，将自己对产品的需求充分地表达出来、写在意见卡上。宝马汽车公司的工程师们就会按照顾客的意见和需求，为顾客量身定做属于自己的汽车。从驾驶座的高度到方向盘的尺寸、从刹车系统到汽车的车门设计，宝马汽车公司都会按照顾客的要求进行设计和生产。有一次，一个顾客看到一辆宝马汽车，希望在车门下边加一道蓝色的边。宝马汽车公司的销售员让顾客把自己的要求写下来，两个月后，顾客果然买到了和自己构想一模一样的宝马汽车。在宝马汽车公司如此精心的打造中，宝马汽车在人们心目中始终是高品质和高级别的象征。

在市场营销中，企业与其一相情愿地生产那些投放市场等待顾客接受和检验的产品，不如直接生产顾客想要的产品，产品符合顾客的个性需求，让顾客觉得独一无二、非他莫属。由此可见，个性服务的确是现代企业品质升级的体现。

　　市场由卖方市场向买方市场的转轨过程中，营销也开始由传统服务营销向一对一个性服务营销转变。传统服务营销是开发出一种产品后努力去寻找顾客，而一对一个性服务营销则是培育出一位顾客后努力为其开发产品。

　　一对一个性服务营销是识别、记录顾客的个性化需求特征并运用针对性的营销策略组合去满足其需求，从而达到顾客和企业共同满意的活动过程。

　　一对一个性服务营销核心是以顾客为中心，通过与每一位顾客的互动对话，与顾客逐一建立持久、长远的双赢关系，从而为顾客提供定制化的产品和服务。

　　从理论角度看，一对一个性服务营销的产生得益于关系营销和数据库营销的发展。关系营销强调建立、保持和发展同现有顾客的长期交换关系，这为一对一个性服务营销提供了一个理论基础，而数据库营销强调顾客信息的收集、处理和使用，则为一对一个性服务营销提供了有力的技术支持和操作手段。

　　从市场营销的角度看，企业给每位顾客提供个性化服务，就必须把每个顾客作为一个细分市场。因此，企业必须改变以往"以生产为导向"的观念，建立"以顾客需要为中心"的营销观念。

　　传统市场营销观念把顾客看做是具有相似消费需求群体的一员，没有把顾客当做具有独特需要的个体看待，所提供的服务只能满足目标市场顾客的相似需要而不能满足顾客的个性化的需要。顾客满意在很大程度上带有片面性和局限性，因此，要使顾客全面满意，必须提供个性化的服务。

重视顾客的抱怨和指责

顾客对产品或服务的不满和责难叫做顾客抱怨。顾客的抱怨行为是由于对产品或服务不满意而引起的，所以抱怨行为是不满意的具体行为反应。顾客对服务或产品的抱怨即意味着经营者提供的产品或服务没达到他的期望，没满足他的需求。另一方面，也表示顾客仍旧对经营者具有期待，希望经营者能改善服务水平。因而，对待顾客的抱怨，企业一定要慎重处理，在最短的时间内处理好顾客的抱怨，让顾客由抱怨转变为满意。

被誉为"经营之神"的松下幸之助先生就认为，对于客户的抱怨不但不能厌烦，反而要表示欢迎，因为这是提升我们的品质、取得订单的一个好机会。

他曾经这样告诫下属："客户肯上门来投诉，其实对企业而言实在是一次难得的纠正自身失误的好机会。有许多客户每逢买了次品或碰到不良服务时，因怕麻烦或不好意思而不来投诉，但坏印象坏名声却永远留在了他们的心中。因此，对待有抱怨的客户一定要以礼相待，耐心听取对方的意见，并尽量使他们满意而归。即使碰到爱挑剔的客户，也要婉转忍让，至少要在心理上给这样的客户一种如愿以偿的感觉，如有可能，推销员应尽量在少受损失的前提下满足他们提出的一些要求。假若能使鸡蛋里面挑骨头的客户也满意而归，那么你将受益无穷，因为他们中有人会给你作义务宣传员和义务推销员。"

中小企业营销指南

松下幸之助还结合自己的亲身经历讲到这样一件事：

有位东京大学的教授寄信给他，说该校电子研究所购买的松下公司的产品出现使用故障。接到投诉信的当天，松下幸之助立即让生产这种产品的部门的最高负责人去学校了解情况，经过厂方耐心地解释与妥善地处理，研究人员怒气顿消、十分满意，他们还为松下公司推荐其他用户和订货单位。

太多的公司不予理会顾客的抱怨，认定他们的顾客是爱挑剔而难讨好的人，满嘴的"我、我、我"，只显露出他们的不识货，这种态度是危险的。其实，顾客的抱怨是企业取得发展的商机，也是售后服务的一个重要方面。

对怨言处理不当，则会使企业在顾客心目中造成不良的印象。作为营销人员，一定要正确处理顾客的抱怨。在处理顾客的抱怨时，要做到以下几点。

一、要重视顾客的抱怨

顾客的不满，在某种意义上来说对企业确是一种灾祸。因为产品质量毕竟还存在问题，顾客有意见不向你诉苦也会向别人诉苦。与其让顾客向别人诉苦，扩大对本公司利益的损害，不如让他向公司诉苦，好让公司作出正确的处理，消除顾客的埋怨，使之成为转祸为福的机会。

日本三洋电机公司几年前曾发生一起轰动全日本的顾客不满事件，该公司生产的充电电池因质量不佳，受到社会普遍指责，报纸以庞大的篇幅报道为不良产品，使该公司声誉大受伤害。面对如此严峻的局势，该公司认真吸取教训，努力改善品质，董事长发动公司和各营业单位人员携带优质产品并加礼品，挨家逐户为顾客替换不良产品，诚恳地向顾客道歉。

中小企业营销指南

公司这种勇于承担责任，关心消费者利益，决心改善产品品质的作风迅速扭转了原已深入人心的恶劣形象，博得许多顾客的谅解和信赖。

二、要克制自己的情感

要善于克制自己，避免感情用事，冷静地慎选用词，用缓和的速度来说话，争取思考的时间。处理抱怨时切忌拖延，而且处理抱怨的行动也要让顾客能明显地察觉到，以平息顾客的愤怒。

处理顾客抱怨的第一件事，就是向顾客道歉。第二件事，就是耐心地倾听顾客的意见。就服务人员而言，可能会经常听到顾客相同的抱怨和指责，难免在心里有种"又来了"的感觉，所以在处理同样的事情上，就变得随便而轻率。可是对顾客来说，却是为了诉苦才来的，并不希望你如此就将他打发了。所以，营销人员要培养服务人员替顾客着想的态度，为了正确判断顾客的抱怨，服务人员必须站在顾客的立场上看待对方提出的抱怨。时常站在顾客一方想一想，许多问题就好解决了。

三、要以为不是针对自己

一般服务人员之所以不能容忍顾客的不满，主要是误认为顾客的不满是针对他个人而来的，这个观念是不对的。因为顾客的不满，并非全由服务人员引起，大多是不满意公司的产品，当看到推销该产品的营业员时，难免就会数落几句，营业员就以为这是冲着他来的，为了维护自己的尊严，就会做种种的辩驳或说明。但是，正在气头上的顾客，是无法立刻安静下来听服务人员解说的。所以服务人员应先向顾客道歉后，再仔细倾听顾客不满的原因，这是很重要的。

四、要清楚抱怨产生的原因

这是处理顾客抱怨，实施售后服务人员管理的一般方法。从大多数顾客抱怨的情况看，顾客的不满绝大多数都是由于推销员所推销的产品或提供的服务存在着缺陷，这些缺陷在顾客使用产品的过程中暴露出来了，就引起顾客抱怨。

在处理顾客抱怨前，首先要弄清楚顾客到底在抱怨什么，然后才能有的放矢地找到解决方法，具体情况具体分析，然后采用退还现金、退换商品、服务调节等方式解决问题。

中小企业要明白，对于顾客的抱怨，只能疏导，不能堵截。

第十章 广而告之
始闻酒香

重视广告的作用

生活中，我们会看到各种各样的广告，看电视的时候闲广告太多了，但我们不能忽略广告的作用，甚至也会被广告影响去购买某种商品。

请看这样一个有趣的故事。

在美国得克萨斯州有一位富翁穆拉·纳斯鲁汀，他拥有一幢非常漂亮的房子，这幢房子太棒了，有一个大花园和大片的绿地，还有游泳池……什么都有。但他厌倦了，就像所有人一样，每天都住在同一幢房子里，就会厌倦。于是他叫来了一个房地产代理人，告诉他："我想把房子卖了，我已经厌烦了，房子已经变成了地狱。"

第二天，穆拉·纳斯鲁汀像往常一样，吃完早餐

中小企业营销指南

后，便坐在沙发上看早报，突然他看到了房地产代理人为他的房子刊登了一则精美的广告。他一遍又一遍地读，后来他给代理人打电话："等等，我不想卖了。"因为广告里所说的那套房子正是我一生一直梦寐以求的，他一直在寻找的就是那样的房子。

这当然只是一个有趣的故事，但是这则故事能够突出广告的作用。

说起广告，每个营销人员都是热血沸腾，实在是因为广告在营销活动中起的作用太大了，用得好财源滚滚而来。

世界知名大企业都非常重视在营销中充分运用广告宣传的手法来实现其销售产品、树立形象、提高知名度的目的。如果没有广告，它的知名度从何而来？所以，广告宣传在现代营销运作中有着不可替代的功效和极其重要的作用。

酒香不怕巷子深。这是中国对好酒的一句赞美之词。其实酒香也怕巷子深，若把好酒密封的严严实实其香味无法释放，再好的酒也不能被认识。

可口可乐公司的前任老板很直率地说："可口可乐 99.61％是碳酸、糖浆和水。如果不进行广告宣传，那还有谁会喝它呢？"

据零点调查公司的调查结果显示，92.7％的人喝过各类可乐，而在消费者中对饮料的购买有 75.4％的受访者承认自己的选择受到广告影响。其间有业内人士伍德拉夫言："可乐的毛利率在 15％～20％之间，口味差别不大，主要是宣传，形象宣传好了，市场占有率自然也就高了。"1886 年可口可乐营业额仅为 50 美元，广告费却为 46 美元；1901 年营业额 12 万美元，广告费为

10万美元，如今每年的广告费竟达10亿美元。惊人的广告投入使可口可乐这样一种99.61％都是碳酸、糖浆和水的饮料，卖了个世界第一。

可口可乐发展至今，可口可乐虽然以它独特的配方，别具的风味赢得了顾客的赞誉，但公司老板并没有半点松懈广告宣传工作。

俗话说，"皇帝的女儿不愁嫁"，但事实是"皇帝的女儿要出嫁，还得相亲一番话"。

广告可以重塑形象

美国巨富洛克菲勒的前半生中，为了扩大自己的企业实力，以赚取更多的财富，曾不择手段地吞并其他公司。因此，洛克菲勒成为当时美国企业家心目中的恶魔，他们处处提防着他，时刻担心洛克菲勒吞并他们的企业。

然而在洛克菲勒的后半生里，尤其他的企业已经处在整个美国无人可敌的垄断地位以后，洛克菲勒决定着手改善自己的形象，他特意聘用了著名广告人艾维·李来策划美化自己形象的事务。

每当洛克菲勒为一些慈善组织捐出一笔巨款之后，艾维·李从不宣传洛克菲勒给某个基金会捐赠了一大笔款项，而是暗示受洛克菲勒赠款的人或基金会在报上发表一则感谢声明，目的就是为了不使人们感到洛克菲勒是在有意自我标榜。艾维·李自己还

经常写一些特写报道，叙述这位慈祥的大富翁如何虔诚，怎样到教堂去做礼拜，怎样和邻居们友好相处及打高尔夫球等。艾维·李的策划原则是以一些低调的文章来使公众对洛克菲勒这个人产生一些新的看法。

这些宣传取得了不错的效果，把洛克菲勒看做恶魔的一代人已上了年纪，正在相继离开人世。下一代人从宣传中得知洛克菲勒基金会是怎样慷慨解囊，如何发展医学事业造福人类，怎样在第一次世界大战时认购了几百万美元的公债……通过这些宣传，洛克菲勒在人们心目中的丑恶形象被渐渐淡化，在未来的新一代人心里，洛克菲勒成为了不起的成功企业家和慈善家。

对于企业和产品来说，广告宣传能产生更重要的作用，广告向消费者宣传了企业及其产品的优势和个性，提高了企业及其产品的美誉度，树立了企业和产品的良好形象，进而提高了顾客消费该企业产品的知名度。

英国劳斯莱斯汽车公司，以生产豪华型轿车而著名，曾经辉煌一时。但在 1981 年至 1983 年三年期间，它的汽车销量大跌35％，一度面临严重的财政困难。一直到 1986 年，新上任的总裁彼得·华德开始整顿公司的经营状况，使这一生产豪华轿车的劳斯莱斯汽车公司出现了转机。

彼得·华德掌管劳斯莱斯之后，首先从改造新车型着手，塑造了一个更年轻、更有生命力的劳斯莱斯新形象。彼得·华德在标准型劳斯莱斯轿车上加上金属边线，使它显得更贴近地面、更有稳重感。同时，增加了推进引擎，使重达 5 500 磅的班特莱轿车具有在 7 秒钟内起动加速到每小时 100 英里的能力。此举使班特莱轿车变成意大利跑车与英国豪华轿车的混合体，一改劳斯莱斯"皇家豪华影子"的形象。在改造班特莱轿车的同时，该公司在英美等国通过广告等手段为劳斯莱斯轿车扭转了"车主是附庸风雅的有钱人"的形象。它的广告强调"买辆劳斯莱斯犒赏自己多年来的辛勤工作"。在美国，它则套用詹姆士的名言："尽情享受。这是一个不能不犯的错误"。

一系列的改变，终于在 1989 年，劳斯莱斯公司汽车的销量攀上了 10 年来的最高峰。

我们不能忽视广告的力量，广告可以重塑形象，改变对一个人的成见，纠正对一个企业的偏见。

广告营销重在策划

广告不是随意发布的，要做优秀的广告，需要考虑到方方面面。所谓广告策划是指对广告动作的整体计划，是为提出、实施、测定广告决策而进行的预先评估和规划，其核心是确定广告目标，制定和发展广告策略。

广告策划作为一种科学的广告管理活动，必须确定广告目标、广告对象、广告策略等原则问题，亦即解决广告应该"说什么"、"对谁说"、"怎样说"、"说的效果如何"等一系列重大问题。广告策划是广告从基层阶段发展到高级阶段的显著标志。

运用现代科学技术和多元化的知识进行广告策划，在世界知名企业中已成为一种时尚。

可口可乐是风靡全球的国际性饮料，比可口可乐晚推出两年

中小企业营销指南

的百事可乐，虽然在颜色、包装甚至味道方面都与可口可乐相差无几，但在相当长的一段时间里，它的销售量只占可口可乐销售量的四分之一。可口可乐畅销不衰的秘密，那就是广告。

为了实现"要让全世界的人都喝可口可乐"这一宏伟目标，同时为了抵抗"百事可乐"等竞争对手的强有力的宣传攻势，可口可乐创始人伍德拉夫不仅投入巨资为可口可乐做广告，而且还凭借自己十余年的推销经验，亲自参与研究创作了许多独具匠心的广告作品。

不得不说伍德拉夫是个天生的营销高手，他善于抓住广告宣传的大好时机，请来心理学家、社会学家、精神分析专家及设计人员，共同研究消费者的消费心理，并按自己提出的广告原则，设计制作出言简意赅、生动形象的可口可乐广告。他凭着自己深厚的知识阅历、独到的思维方式和卓越的创作才能，亲自修改每一则广告，反复修改，使他的广告真正做到了"让公众产生一种新鲜感，进而向往和迷恋，而且又使竞争对手无懈可击"。

早在 20 年代，伍德拉夫就推出了清新诱人的广告创意，如"可口可乐，令人神清气爽，是令人精神焕发的饮料"、"口渴不分季节"、"享受神清气爽的时光"等，吸引了大批的消费者。三四十年代，又提出了"喝可口可乐只需花五美分"、"可口可乐，使好时光更值得回味"、"可口可乐，清凉有劲的享受"、"好口味的标志"、"有可口可乐，世界变得更美好"等杰出创意，从而使其销售量扶摇直上，并且独步世界市场。

伍德拉夫退休以后，他的后继者也始终紧紧抓住广

告这一法宝。与竞争者们在商场中巧妙周旋，从而使可口可乐立于不败之地，继续保持软饮料的霸主地位。

1983 年，为了再一次击败百事可乐的进攻，可口可乐公司花了近 4 亿美元，告诉美国喝可乐的人："这就是可乐！"在广告中运用美国传统的形象——激烈的垒球比赛、拉拉队、劳动中的农民以及乡土风味浓厚的歌曲："你不能掩饰你的微笑，因为它来自内心深处。就像你与亲人朋友共度的时光，当你知道他是真实的时候，你的感觉就像这样：这就是可口可乐！"随后他们又推出了"只有可口可乐，才是真正的可乐"等广告主题，均获得了巨大的成功。此时的伍德拉夫虽已退休，但这些广告作品无不凝聚着他的心血。

天道酬勤，伍德拉夫对可口可乐广告执著的追求和严格的管理，终于使得可口可乐的红色标志遍及世界各地，这"全球最熟悉的商标"，这"美妙的标志"，带给世人以多大的滋润与温馨。"在红标志前留步"，这是多少动人场景的真实写照。这坚持不懈的广告战略，使得可口可乐公司赢得了全世界，它使可口可乐拥有了更大的国际销售市场。现今，不仅是美国人，几乎世界上所有有人群的角落，都会有人手捧着可口可乐津津乐道，这不能不说是伍德拉夫广告战的巨大成功。

广告需要精心策划，需要系统运作，是一个深思熟虑的过程。那些认为仅凭一个简单的创意就赢得市场的想法是不现实的。

策划决定一个企业的命运，中小企业一定要精心做好广告策划工作。

企业要做好广告定位

广告的目标是要将广告策划者的概念传播到特定的消费族群，以达到预定的效果。广告定位就是为了实现广告目标，将商品定位于客户的脑海中，最终把品牌的形象塑造成独一无二的识别系统。

在20世纪60年代末，米勒啤酒公司在美国啤酒业排名第八，市场份额仅为8%，与百威、蓝带等知名品牌相距甚远。为了改变这种现状，米勒公司决定采取积极进攻的市场战略。

他们首先进行了市场调查，通过调查发现，若按使用率对啤酒市场进行细分，啤酒饮用者可细分为轻度饮用者和重度饮用者。而前者人数虽多，但饮用量却只有后者的1/8。

他们还发现，重度饮用者有着以下特征：多是蓝领阶层。每天看电视3个小时以上，爱好体育运动。米勒公司决定把目标市场定位在重度使用者身上，并果断决定对"海雷夫"牌啤酒进行重新定位。

重新定位从广告开始。他们首先在电视台特约了一

个"米勒天地"的栏目，广告主题变成了"你有多少时间，我们就有多少啤酒"，以吸引那些"啤酒坛子"。广告画面中出现的尽是些激动人心的场面：船员们神情专注地在迷雾中驾驶轮船，年轻人骑着摩托冲下陡坡，钻井工人奋力止住井喷等。

结果，"海雷夫"的重新定位战略取得了很大的成功。到了 1978 年，这个牌子的啤酒年销售量达 2 000 万箱，仅次于百威啤酒，在美国名列第二。

通过市场的重新定位，米勒啤酒找到了目标消费族群，吸引并全面满足了这个焦点群体的消费需求，最终"套牢"了这个群体，使得其利润猛增。

"万宝路"从 1924 年问世，一直到 20 世纪 50 年代，始终默默无闻。它的温柔气质的广告形象似乎也未给广大淑女们留下多少空间去想象。因为它缺乏以长远的经营、销售目标为引导的带有主动性的广告意识，加之该产品的广告口号"像五月的天气一样温和"显得过于文雅，而且是对妇女身上原有的脂粉气的附和，致使广大男性烟民对其望而却步。这样的一种广告定位虽然突出了自己的品牌个性，也强调了对某一类消费者（这里强调的是妇女）特殊的偏爱，但却为其未来的发展设置了障碍，导致它的消费者范围难以扩大，因为女性对烟的嗜好远不及对服装的热情，而且一旦她们变成贤妻良母，她们并不鼓励自己的女儿抽烟。香烟是一种特殊商

中小企业营销指南

• 215 •

品，它必须形成坚固的消费群，重复消费的次数越多，消费群给制造商带来的销售收入就越大。而女性往往由于其爱美之心，担心过度抽烟会使牙变黄，面色受到影响，因而在抽烟时较男性烟民要节制得多。"万宝路"的命运在上述原因的作用下，趋于黯淡。

抱着不甘的心情，菲利普·莫里斯公司开始考虑重塑"万宝路"形象。一个崭新大胆的改造"万宝路"香烟形象的计划产生了。产品品质不变，包装采用当时首创的平开式盒盖技术，将名称的标准字（Marlboro）尖角化，使之更富有男性的刚强，并以红色作为外盒主要色彩。万宝路的广告不再以妇女为主要对象，而是用硬铮铮的男子汉，在广告中强调"万宝路"的男子汉气概，以吸引所有爱好追求这种气概的消费者。菲利普公司开始用车夫、潜水员、农夫等做具有男子汉气概的广告男主角，但这个理想中的男子汉最后还是集中到美国牛仔这个形象上：一个目光深沉、皮肤粗糙、浑身散发着粗犷、豪气的英雄男子汉，在广告中袖管高高卷起，露出多毛的手臂，手指总是夹着一支点燃的"万宝路"香烟。这种洗尽女人脂粉味的广告于 1954 年问世，它给"万宝路"带来了巨大的财富。仅 1954~1955 年间，"万宝路"销售量提高了 3 倍，一跃成为全美第 10 大香烟品牌，1968 年其市场占有率上升到全美同行第二位。

现在，"万宝路"每年在世界上销售香烟 3 000 亿支，世界上每抽掉 4 支烟，其中就有一支是"万宝路"。

正是广告塑造产品形象，增添了产品的价值。采用"集中"的策略定位目标市场，使"万宝路"成长为当今世界第一香烟品牌。

万宝路的第二次市场定位，对男性烟民的心理有了准确把握，突出了他们的个性，所以取得了成功。

广告要善于创新

广告策划是对整个广告行动的构想与规划，一般化的构想与规划容易做，困难的是构想与规划都能创新，策划必须有创意。做别人所未做的事情，想别人所未想的点子，使广告传递的信息能有效地影响消费者。做到了这一步，那才可以称之为真正的广告策划。

歌德在美国旧金山开了个肥皂厂，但他的产品一直滞销，连做广告的资金都没有。

老板歌德先生苦思冥想，终于想出一个绝招。他通过朋友认识了当地的一位歌剧演员，她将参加莎士比亚剧本《麦克白》的演出，饰演女主角麦克白夫人。歌德先生用金钱为诱饵，与她暗中达成了一笔交易。

《麦克白》上演了，剧院座无虚席，这部歌剧确实很精彩。观众聚精会神地看着台上的表演，当麦克白夫人演到梦游时幻觉擦拭假想的血迹时，她居然改了台词，说道："啊！假如我现在手里有一块歌德公司生产

的肥皂，我就能很快洗净这块血迹、摆脱痛苦了。"

导演闻言大惊失色，全神贯注的观众们也反应过来了，整个剧院呈现出喜剧气氛。

第二天，在剧院发生的事情便在纽约传开了，歌德先生的肥皂四处扬名，不久，肥皂就供不应求。

营销广告是一门需要想象力的艺术，它可以做得很出格，但只要能被大众认可，那就算是成功。

纽约国际投资银行在筹备开业的时候，银行的主要管理层为在短时间内如何打开知名度大伤脑筋，甚至他们不惜成本聘请了多家著名广告公司作为策划顾问。最终他们确定了一个令人匪夷所思的广告方案。

在纽约国际投资银行大张旗鼓开业的那天晚上八点整，全纽约所有的广播电台同一时间突然播放一则通告：听众朋友，从现在开始播放的是由本市国际投资银行向您提供的沉默时间。之后便是持续10秒钟的"沉默"，而且没有一家电台的主持人或负责人对这一"沉默"给予过多的解释。10秒之后各家广播电台仍继续他们的节目。

就是这莫名其妙的10秒钟"沉默"，成为纽约市民很长时间的谈资，他们议论着新成立的纽约国际投资银行为什么要"沉默"，探讨着"沉默"的寓意。

纽约国际投资银行的知名度顷刻之间在全纽约市家喻户晓。

纽约国际投资银行的广告策略巧妙之处在于，它一反一般的广告手法，没有在广告中播放任何信息，而以整个纽约市电台在同一时刻的 10 秒钟"沉默"引起市民好奇心理，使其不自觉地去探究根底，使国际银行的名字"不告而人人皆知"，达到了出奇制胜的效果。

广告需要耗费大量的钱财，对于中小企业来说，一次广告行动能否成功、能否创新是影响消费者购买产品的关键因素之一。广告没有也不应有固定的模式，创新就是原则，创新就是规律。

广告要因时而变

广告必须要不断地创新，因为社会环境在变，销售市场在变，产品在变，消费者在变，竞争对手也在变。

雀巢公司的广告堪称因时而变的经典之作。

按时间发展来分，雀巢咖啡的广告经历了三个阶段：

一开始，雀巢欣喜于工艺的突破给传统喝咖啡方式带来的革命，广告自然要强调因速溶而带来的便利性，却未曾料到这与许多家庭妇女的购买心理有悖——买速溶图方便？是否表明自己不够贤惠？这可不是男人期望的妻子形象。因为当时处于男尊女卑的 20 世纪 30～40 年代，妇女缺乏自信，她们把照顾丈夫和孩子作为生活中的要务。随着时代的进步和妇女的解放，速溶咖啡这种既方便又能保持原味的产品优势终于大放光彩。20 世纪 60 年代一进入日本市场，立刻受到广大家庭主妇的欢迎，尤其对于没有磨豆道具的家庭来说，更是喜爱。

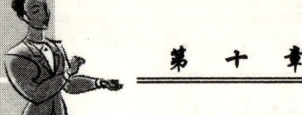

之后，当这种优势由于省时省力机器的逐步推广而被削弱时，再过分强调这种便利性显然不会有效了。

于是，广告的重点转向表现产品的纯度、良好的口感和浓郁的芳香。因此，各国的分公司都采用了产品导向的广告，强调雀巢咖啡是"真正的咖啡"。这也与五六十年代流行产品导向广告的大背景相一致。

当人们逐渐认可"咖啡就是雀巢咖啡"后，雀巢咖啡广告的重点又转变为生活形态导向，尤其注重与当地年轻人的生活形态相吻合。例如，在英国的广告中，雀巢金牌咖啡扮演了在一对恋人浪漫的爱情故事中一个促进他们感情发展的角色。

到了20世纪90年代，雀巢意识到当时的年轻人在价值观与生活观念已经有了微妙的变化：许多人渴望改变生活现状，但又保留传统的价值观；他们有着强烈的事业心，但经常在工作压力之下深感无助；他们渴望独立，但在情感上又不想疏远父母。雀巢针对中国年轻一代在生活形态上的变化，以"雀巢咖啡：好的开始"为主题开始新一轮的市场推广。雀巢主要诉求于以长辈对小辈的关怀与支持为情感纽带，以刚刚走上工作岗位的年轻人为主角，表达雀巢咖啡帮助他们减轻工作压力，增强接受挑战的信心。雀巢这种情感诉求在当时的年轻人中引起了强烈的共鸣，雀巢咖啡也因此迅速被年轻人所接受。

一个好的广告可以延续一段时间，对稳定产品的形象是有好处的，但更重要的是要懂得因时而动。

具体来说，广告因时而变主要体现在以下几个方面。

一、适应外在的环境变化

任何企业都生活在一定的政治、经济、法律、文化环境中，

环境对于企业既是一种制约也是一种机遇。广告定位一定要与社
会发展相协调，随着社会环境的变化而不断创新，这样才能永远
屹立于商业市场中。

　　某啤酒是明星产品，成为上流社会首选啤酒，但销售达到一
定规模之后，销售量逐年下降，原因是社会环境变化之后，它并
未跟上步伐。许多年轻人认为："那是老一辈在喝的酒。"失去了
消费者支持，于是公司重新调整广告定位，提出了新口号并有针
对性地进行宣传，终于重新赢得了市场。

　　北京的大宝最开始做的广告用的广告词是："大宝，天天
见！"后来就改成："大宝，价格便宜量又足，我们都用它！"

　　二、适应市场条件的变化

　　广告的目的在于销售，广告是为销售服务的。因此当销售市
场发生变化时，广告定位应该随之变化。

　　2003 年上半年，SARS（即传染性非典型肺炎，全称严重急
性呼吸综合症）肆虐了中国一个季度，严重影响了中国啤酒业的
市场运作。当 SARS 过去之后，正赶上啤酒销售的旺季。各大啤
酒厂家纷纷加大了市场力度，希望能挽回损失。

　　经过了 SARS 之后，健康被提高到了前所未有的高度。在当
年夏季啤酒销售旺季来临之际，金威亮出了"健康啤酒"的概
念，同时发动一轮又一轮的宣传攻势。制造舆论效应，对健康的
概念进行大肆炒作。金威宣称自己的啤酒是"不添加甲醛酿造的
健康环保啤酒"。这让它的销量在 7 月份的时候就奇迹般地创了
新高。

　　三、适应产品特点的变化

　　现代经营活动没有永恒的品牌，所以作为推销产品的广告应

紧随产品更新换代而创新定位。从国外一些长盛不衰的名牌来看，其成功的原因一方面与产品不断更新换代、日益追求品质的卓越有关，另一方面与广告随着产品的更新不断进行定位创新也有密切的关系。

比如：美国宝洁象牙牌香皂从 1879 年以来的一百多年时间里已经进行了数次广告定位创新。1879 年 10 月，一位工人吃中午饭忘了关掉制皂机器，使原料搅拌时间过长，原料中气体较之正常过程增加了许多，制成的香皂颜色较白并且会浮于水面，厂商决定按次级品处理，没想到该香皂进入市场后却大受欢迎。在此基础上，厂商把产品广告定位于"轻"，设计了"象牙香皂轻浮于水"，"洗澡从此不再为找不到香皂而发愁了"的广告词，使象牙香皂一举成名。

同理，为什么洗澡只能用一块一块的香皂，而不能用液体般的东西？因此出现了沐浴液与洗手液。为什么录像带要那么大？不能有其他轻些、小些的替代品呢？因此出现了 CD，非常轻薄短小。

四、适应顾客族群的变化

现在是一个以消费者为导向的时代，消费者的喜好、需求是企业制造产品的依据。即使是产品长期稳定不变，广告定位也应该不断创新，这主要是因为消费者在变。消费观念已从注重产品本身发展到关注产品品牌，也就是说消费者在购买时更注重产品的社会附加功能。因此，广告定位就应随着消费者的变化而变化，适应广告对象的心态。

20 世纪 30 年代经济危机之后，美国整体经济不景气，贫穷的消费者偏爱物美价廉的商品。百事可乐及时定位于廉价饮料，在价格不变的情况下推出大瓶装，广告词是："同样是花五分钱，百事让你喝个够。"廉价饮料的定位在当时深受欢迎。因而百事可乐畅销于 20 世纪 30～40 年代。

后来，美国经济发展了，人民生活大为改善，但百事可乐并没有紧紧抓住消费者的变化而改变定位，还在继续走廉价饮料的老路。结果，被可口可乐抓住空档攻击为穷人的可乐，而大量地失去市场。

五、根据竞争对手的变化

定位创新中应注重研究竞争对手并针对其定位缺陷，塑造自身的优势。广告主如果顽固地坚持原来的定位不变，就会在竞争中处于被动的劣势，甚至最终丧失整个市场。

总之，广告定位需要随着客观条件的变化不断进行创新、同时也需要根据公司内部条件的变化不断创新。创新是一个公司不断进步、成长的动力，也是竞争中使公司处于强势地位的关键。

要发挥广告的情感攻势

据美国医药协会对它的会员做的一次调查表明，被调查者欢迎那些引导社会公众预防疾病的广告，而不喜欢那些鼓吹病人购买某种品牌药物的广告。

在美国就有一家国际知名的辉瑞制药公司，发布了一则电视广告：一对母子出现在电视荧屏上，他们走进一家医院，母亲用关切的眼光目送着一名年轻的女护士把儿子带进了检查室。

紧接着电视旁边说："这位母亲已患糖尿病，由于遗传因素，她的儿子也极有可能患有此病。"

当镜头转成女护士给小男孩抽血时，旁边又说："美国约有1 100万人患有糖尿病，可能您就有，如果您已年逾40岁，而且体重过重时，更应该去检查。但愿您无病无恙。本广告由辉瑞制药公司提供。"

辉瑞制药公司的这则广告还刊登在《时代》及《读者文摘》等40多种杂志和报纸上。由于广告的宣传作用，美国人去医院检查糖尿病的人多起来了。一旦检查呈阳性反应，医生也常常会开出辉瑞制药公司的药。

这样，辉瑞制药公司的糖尿病药剂销售量增长了15.4%，所赚的钱远远超过了广告费。

在市场经济的今天，没有任何产品能脱离广告宣传而抢占市场。但有些人即使花费数百万广告费，也未必能成功。只有那些把真诚关怀消费者的意识融入广告宣传中的商家，才能成功。

情感营销是铸就辉煌的锐利武器，打动人心的往往是情感。

2000年，宝洁公司的佳洁士牙膏广告以富有亲情感的画面感动了很多消费者，被评为当年最有创意的广告。该广告是以一个养母关心小女孩的故事为背景。画面最开始是一个小女孩的独白"我有新妈妈了，可是我一点也不喜欢她"，接着出现了小女孩对抗养母的画面。她把生母的照片摆放在显眼处，并且对养母置之不理。最主要的是，她非常怀念以前生母每天早上为自己挤好的牙膏……但是没想到，小女孩的举动并没有引起养母的怒气，相反，她在第二天早上醒来看到生母的照片被镶在镜框里摆放在自己的床头，还看到了养母也为她挤好了牙膏。这个时候，小女孩笑了，她感受到了养母温暖的爱，与此同时，出现了画外音：
"现在我在梦里也会笑"，小女孩露出了洁白的牙齿，之后是养母
欣慰的笑容。她终于用自己的耐心和爱心打动了小女孩。

这个故事只用了两分钟的画面就将情节介绍得非常清楚，并
将小女孩和养母之间的情感变化刻画得非常细腻深刻。画面制作
也很精美，因而给观众留下了深刻的印象，对佳洁士牙膏也产生
了好感。这个广告可以说是运用情感效应非常成功的例子，为佳
洁士品牌在消费者心目中树立良好形象起到了非常重要的作用。

2004年的雕牌洗衣粉广告也是运用情感因素非常成功的例
子。这个广告曾让很多女性消费者感动得潸然泪下，引起了社会
反响和共鸣，也为企业和产品宣传起到了很好的促进作用。

该广告是讲述一个下岗女工和女儿的故事。

广告第一个画面是一个中年妇女走出工厂大门时低
头叹息，此时画外音提示人们："妈妈下岗了"。之后是
女工晚上回家看到熟睡中的女儿后，仍然不辞辛苦，用
雕牌洗衣粉为女儿洗衣服，画面感人至深。继而母亲开
始四处奔波，寻找新的工作岗位，在四处碰壁，劳累辛
苦的同时，家中的女儿却踩着凳子帮妈妈洗衣服、晾衣
服。画外音是"妈妈说，雕牌洗衣粉，只需要一点点，
就能洗很多衣服"。接着可爱的小女孩很仔细地将半勺
洗衣粉倒入洗衣盆中。妈妈回到家里，女儿已经熟睡
了，但是却带着甜美的笑容，妈妈发现桌上一张纸条，
上面写着："妈妈，我能帮您干活了！"劳累疲惫的母亲
看到洗好的衣服和女儿的纸条，不禁潸然泪下……广告

至此结束。整个广告故事紧凑，画面生动，情感真挚，让观众看到了一个下岗女工和女儿之间的真挚情感。小女孩的懂事可爱是整个广告最大的吸引点和亮点。

这个广告一经播出，迅速引起了受众的注意，尤其是引起了很多女性的关注。她们因此对"雕牌"产生了情感认同，让雕牌洗衣粉一下子走进了普通主妇的家庭，成为家喻户晓的知名品牌。

情感效应是广告打开消费者心灵的钥匙。只有那些充满人情味的广告才能真正打动消费者，让消费者产生亲切感和信任感。

人是情感动物，情感是人类最主要的标志和特点，情感构成了人们丰富的人生，情感也让人们感受到温暖和幸福。可以说，情感是人类生活的重要组成部分。然而在现代社会中，由于生活节奏加快，生活压力增大，使得人与人之间的情感日益冷漠、疏远。人们日益渴望一种情感的回归，渴望真挚情感的互动。为此，如果在广告当中加入情感元素，无疑迎合了人们日益强烈的情感渴求，同时也能提升广告的宣传效果，促进产品的宣传效应。

总之，广告中的情感元素发挥得好，就会给广告带来画龙点睛的效果，它能让广告在众多形式化的广告中脱颖而出，深入消费者的心中，让品牌在消费者心目中留下美好而深刻的印象。

做广告要善于借势

当年海湾战争虽已结束，但在美国商界仍以海湾战争为题做广告，把商战推向战场的历历往事，至今还令那些死里逃生的美国兵记忆犹新。

美国士兵每天早晨醒来后都会做一件事，那就是等待地平线上扬起尘土。一辆辆卡车将给他们运来最需要的给养品：可口可乐和百事可乐。卡车还没停稳，士兵就排起了长队。当他们接过冰冻的可口可乐时，看见了这样的广告："挡不住的诱惑！"

这并不是插进电视节目的一个广告，而是沙特阿拉伯沙漠中每天的现实。可口可乐公司发言人在谈及从美国国内向沙漠无偿供应可口可乐的行动时说："帮助一个出门在外的人，就获得一个终身的朋友，这毫无疑问对每个企业都有好处。"

有许多美国公司在海湾战争前，就认为"沙漠盾牌"行动是产品宣传的一个好机会。威尔登体育用品公司向沙漠中的部队提供了一百根高尔夫球杆和一千个高尔夫球。为了不让士兵穿着没有擦过油的皮鞋进行战斗，一家公司捐赠了一箱一箱的鞋油。另外，还有公司向士兵们赠送了 1 万副纸牌、1 000 只飞碟、2 万箱无酒精啤酒和 10 万副太阳镜。

在海湾战争那段时间里，美国士兵在电视上出现的次数特别多。美国的电视台日夜在报道"我们在海湾的小伙"，世界各地的电视台也整天播放海湾战争的新闻。人们看见美国士兵们拿着可乐、罐头、万宝路香烟和索尼牌小收放机。战争里的士兵们成了那些商家最佳的"广告员"。

利用战争做广告，将商战推向战场，在许多人看来是难以想象的事情，美国营销专家却认为是一次千载难逢的广告良机。

2003 年 3 月 21 日，伊拉克战争爆发，中央电视台

中小企业营销指南

第 十 章

对其进行了前所未有的大规模直播报道。"统一"润滑油公司（以下简称"统一"公司）迅速做出反应，在战争开始的当天，停掉了正热播的"众人片"，而改为播放一则5秒的广告片。广告片没有任何画面，只有一行字并配以雄浑的画外音："多一些润滑，少一些摩擦"。这则广告紧贴在《伊拉克战争报道》之后，和新闻浑然一体，非常有震撼力。

"统一"公司为这则广告每天投入25万元，共播出10天，对"统一"公司提高企业形象起到了绝佳的效果。广告播出后，各大媒体纷纷对这次营销事件发表评论，认为"统一"公司"多一些润滑，少一些摩擦"的广告，创造了小预算、大效果的神话（制作这个广告仅花1.8万元）；"统一"公司自己的网站点击率提高了4倍；而且还经常有人打公司的服务电话与"统一"公司讨论战争进展情况和战争与和平的话题，"统一"润滑油的品牌影响已经远远超出了产品销售和使用的范围。

广告播放后，很多经销商给"统一"公司打来电话，他们认为这条广告才像是高端产品品牌的广告，许多原来不卖"统一"产品的零售店主动联系，给经销商以足够的信心；许多看过此广告的观众都认为这个广告是国外广告公司的创意，还有一部分人认为"统一"公司是合资企业或者外资企业，许多司机则点名要加"统一"润滑油。

这则经典广告，形成了空前的品牌影响力，也为"统一"润

中小企业营销指南

滑油带来了优秀的销售成绩，当月出货量比 2002 年同期增加了
100％，销售额历史性地突破了亿元大关。

这则广告的妙处就在于既准确地诉求了"多一些润滑"的产品特点，又一语双关道出了"少一些摩擦"的和平呼声，含蓄、隽永、耐人寻味。

神舟五号飞船成功飞天那年是多事之秋，伊拉克战争、非典，热点事件纷纷上演。在每一个热点时刻，都有敏锐的企业和热点绑在一起，其中蒙牛牛奶也不例外。

在神舟五号飞船上天之前一段时间，内蒙古蒙牛乳业（集团）股份有限公司（以下简称"蒙牛"）开始在央视相关节目中播放专门设计的航天版电视广告；并且在报刊上相继投放了"航天员牛奶是怎样炼成的"等炒作性文章，对神舟飞船营销事件进行了预热。

当中国"第一宇航员"杨利伟于 10 月 16 日返回地球的那个时刻，一夜之间"为中国喝彩"的户外广告就贴遍了北京的大街小巷。同时意味着中国人的"飞天梦想"实现了。

与此同时，印有"中国航天员专用牛奶"标志的蒙牛牛奶全新登场，蒙牛的航天版新广告片、报纸广告开始频频亮相，向世人宣扬蒙牛牛奶是"中国航天员专用牛奶"。出现在全国各大超市、卖场中，配合着身穿宇航服的人物模型和其他各种醒目的航天宣传标志，越来越多的消费者对蒙牛牛奶加以关注。

广告播出后，在终端走货上蒙牛的销量立即开始攀

中小企业营销指南

升——对于蒙牛来说，在提升了品牌价值的同时，不仅能够大大提升销量，还可以证明他们的营销策略是正确的。蒙牛取得了令人头晕目眩的高增长速度，他们杰出的广告宣传功不可没。航天攻势尽展蒙牛从销量导向到品牌建设的新阶段。蒙牛之所以能"牛"起来，是因为航天攻势体现了他们对品牌的重视，以及他们杰出的广告营销策划能力。

纵观蒙牛的广告攻势，不管是"我从草原来"、"香浓情更浓"，还是最近的"中国航天员专用牛奶"、"蒙牛牛奶，强壮中国人"这些品牌口号，都非常强烈地传递着一个共同的信息——蒙牛是一种高品质、高档次的牛奶。蒙牛采用的航天攻势，是蒙牛牛奶向消费者传递蒙牛"高品质牛奶"定位的延续。

企业打广告要懂得和当前的热点结合起来，以当前的形势为广告的背景，这样就能创造出出人意料的效果。

中小企业营销指南

第十一章 积极引导 激发消费

新市场是可以创造的

意识产生需求，只要能够培养起消费者的相关意识，就能刺激消费者的需求，创造新的市场。

里力先生是美国纽约市的一家生产口香糖公司的老板。他们生产的口香糖尽管品质优良，包装精美，价格也比较适宜，但是在市场上却并不畅销。只因为它是新牌子，并不为客户所熟悉。有好多天里力先生每天抱着当地的电话簿研究个不停。他是在研究怎样让整个市区的居民都了解和认知他们的口香糖。

一天下午，他召集所有的员工到大会议室里开会，布置他新想出来的销售方案。他吩咐员工们照着电话簿上的地址给全市 150 万户居民写信邮寄口香糖，每家 4 块不能少也不能多。他同时要求生产部门和运输储备部

门全力配合支持这一方案。

在第二天早晨，纽约市的所有住户都不约而同地接到了里力公司赠送的 4 块口香糖。当天很多孩子都嚼着里力公司生产的口香糖，走在上学的路上吹着泡泡，他们一个个俨然成了里力口香糖公司的"活广告"。时隔一天，孩子们又收到了里力公司口香糖礼品，就这样连着一个月时间纽约市的孩子们甚至大人们已经习惯了每天咀嚼里力的香糖。

一个月之后里力公司的口香糖不再免费送寄了，但是已经习惯咀嚼里力口香糖的人们自然就到各个商店去买这种里力牌口香糖了。就这样，里力口香糖在不到两个月的时间里一下子就占领了纽约市大半个市场的份额。

"先尝后买"的经营方式并非里力先生独创，但使用得如此巧妙，声势如此之大，效果如此之好，里力先生有他的独创之处。纽约共有 150 万户居民，里力先生却给每户居民赠送 4 块口香糖，而且要赠送一段时间。作出这样惊人的决定，必须要承担可能出现的巨大风险损失。如果没有对自己口香糖品质与价格有绝对的把握和信心，里力先生是绝对不敢这样做的。事实证明，里力先生的惊人之举总算得到了丰厚的回报。

在现代市场经营当中，很多人都感叹：市场就这么大，而竞争者又这么多，哪里还有发展的空间？的确，在每一个领域中都充满了竞争者，看似已经没有任何空间和缝隙可以钻了，但是德国霍克斯汽车公司总经理赫福却提出了这样一个理念，令所有的市场经营者深受启发："市场是可以创造出来的。"

这一理念犹如一针兴奋剂，让很多对市场失去信心的人重新点燃希望之火。的确，就和天地万物产生、发展、灭亡的规律一样，市场也是一个动态实体，有存在就有消亡，有消亡就有新生。市场原本都是人创造出来的，就像化合物一样，人们完全可以凭借社会的需求创造新的市场。

因此，一方面企业要在已有的市场当中找到自己的位置；另一方面企业要通过自己的努力，设法引导消费者，创造出属于自己的市场。

中小企业营销指南

日本著名企业经营专家神谷正太郎在创建丰田销售公司之初，就非常重视开拓汽车市场未发育完全的潜在市场。神谷有句名言：汽车市场的需求是创造出来的。他相信，只要改变了人们的意识，让他们认识到汽车的重要性，那么人们就会不断地购买汽车，这个市场就会充满生机和活力。为了开拓潜在的汽车市场，神谷采取了一系列异乎寻常的别人从未用过的方法。其中最重要的是他建立了汽车驾驶员培训中心和汽车维修学校，由此吸收了很多年轻的学员加入到汽车的行业中来，给他们灌输使用和喜爱汽车的意识与观念，让他们无形当中去充当丰田汽车的"活广告"。因为他们自己对汽车的痴迷和喜爱，走到哪里就会将汽车的优势和好处传播到哪里，让汽车的概念为越来越多的大众所接受，进而产生购买汽车的需求。这一做法不仅提高了丰田汽车的知名度，更刺激了市场的需求，为丰田扩大和培育市场起到了不小的作用。

著名的强生婴幼儿护理用品公司（以下简称"强生"）也曾经采取措施挖掘潜在市场。

"强生"刚进入中国时，发现人们对婴幼儿日常护理和保健的知识了解很少，因而对婴幼儿护理用品的需求也很小。为了能够让这一状况改变，强生公司设立了"婴幼儿健康教育部"，与国内的很多大学和医院合作，通过讲座等形式，将婴幼儿护理知识普及到千家万户，让更多的家庭和母亲知道婴幼儿护理的正确知识，进而让他们产生对"强生"各种护理用品的购买欲望。强生公司的这一做法获得了很大的成功，不到两年的时间，中国的很多消费者就了解并接受了"强生"品牌，使"强生"成为中国日用消费品的强势品牌。

企业要花大力气，把消费者潜在的意识转化为现实的需求，让他们在潜在意识的指导下对市场做出选择。

在面对一个市场的时候，成功的营销者注重的是创造市场，而失败的营销者注重的是争夺市场。从某种意义上来说，创造市场比争夺市场要省力得多，是经营者首选的方法。

消费的欲望是可以激发的

消费者的需求不是一成不变的，而是可以挖掘的。当某一个市场呈现出饱和与平稳状态的时候，企业和经营者可以通过一些活动与宣传挖掘消费者的需求，增加消费者对产品的使用范围、使用频率和使用次数，从而让产品的需求总量增大。

有家生产小苏打的企业，他们以前的产品用途是除臭剂和烘焙原料。但是这些产品的用途后来逐步被很多其他产品所代替了，其市场日渐萎缩，该企业的经营者就转换思维，另辟蹊径，将其产品定义为冰箱除臭剂，结果投入市场后大受欢迎，获得了可观的利润。后来，他们又将苏打定义为冬季防止流行性感冒的饮料，产品一上市，结果也大受欢迎，终于让他们的企业由濒临破产的边缘起死回生。

在美国市场上，橘汁本是一种公众的早餐食品，它味道好、热量低，是天然的有助健康的产品，但是美国人只把它作为早餐饮品，这样橘汁市场就很有限了，且处于停滞的状态。

为扩大产销量，生产橘汁的公司便开始不停地向公众灌输一套新的观念，期盼使之成为一种天然的、健康的饮料打入饮料市场。橘汁制造商采用了这样的广告口号："它不再只是吃早饭时饮用。"它暗示，传统的饮法仍然可以，但是在其他时间饮用也是适合的。第一批电视广告的形象是从事体育活动的年轻人。第二批广告主要表现在午饭时自助餐厅内饮用橘汁的场面。第三批广告主要是强调"天然的和有益于健康的"方面，画面是在公园游玩的少女和老祖母休息时饮用橘汁的场景。

这些广告巧妙有效地一步步地向消费者提供这样的

第十一章

信息：喝橘汁的可以是儿童、少年、青年和老人；既可在午饭时饮用橘汁，也可以在吃饭之余或娱乐休息时喝一杯提神。总之，橘汁由传统定位——维生素C保健饮品转向了新的定位——消暑解渴，爽口提神，恢复体力的饮品。

通过接受重新定位的广告，许多关心健康和食品营养价值的美国人经过比较，认为碳酸类饮料，如可口可乐或百事可乐是没有营养价值的，咖啡和茶则含有咖啡因，只有橘汁是天然富有营养的，可以使人"身心爽快"并"在任何时间都可饮用"，于是便纷纷转向购买橘汁这种新型饮料。结果，本来只有部分美国人把它作为早餐饮料的橘汁，成了普及化的饮料，一时间脱颖而出，销量成几倍地增长。

无论是由于定位错误，还是由于环境的变化，当原来的定位不能给产品带来更大利益时，重新定位就应该开始了。但必须牢记：只有在摸清了市场和大多数消费者的情况后才能采取富有针对性的策略，对产品的广告、价格、销售渠道等重新进行定位。也就是说要针对不同的形势，改变营销策略来促使产品销售长盛不衰。

对于那些在市场定位上走了弯路的产品，需要重新进行定位，但在消费者心目中，先入为主的固定思维模式并不会轻易改变，这需要营销部门做长期的努力。

扩大市场需求首先可以在产品的用途上下工夫，可以在产品原来的用途上增加很多新的用途，让原来并不需要它的人使用它，从而让它进入更多的领域，增加市场的需求量。其实很多产品的用途并不是单一的，只是人们头脑当中的概念将他们固定在了某一用途当中。

扩大市场需求还可以在产品的使用频率上下工夫。很多产品，可能消费者经常会使用，但是使用频率并不是很高。为了刺激消费者，提高使用频率，经营者就可以采用一些引导的方式增加消费者的使用次数，扩大市场需求量。比如，美国家庭都非常喜欢用麦片当早餐，但是，当早餐市场达到饱和的时候，某生产麦片的厂家感到他们的市场开始萎缩，为了增加销量，他们在媒体上大肆进行宣传，鼓励人们不仅仅早餐时吃麦片，在午餐、晚餐甚至三餐之间都吃一些麦片，这样对健康有益。结果他们的宣传起到了作用，人们开始在其他时间里吃麦片，麦片的销量开始增加。

此外，扩大产品的使用范围也是增加产品销量的一种方法。例如，在原来的消费者范围基础上扩大使用人群，从而增加销量。强生公司最早生产出一种儿童洗发水，但是经过一段时间后，市场已经趋于饱和。正当经营者忧心忡忡的时候，一个营销人员发现有的成年人也用这款洗发水洗头，这是因为他们的产品无刺激、无污染，对成年人来说也是一种不错的洗发护发产品。这使营销员受到了启发，他们开始改变宣传策略，鼓励男女老幼都来使用他们的洗发水，并且推出老少皆宜的宣传口号。结果，在很短的时期内，强生公司的婴儿洗发水成为洗发水行业的领先品牌。

如果想把商品或服务推销出去，那么所要做的一件事就是唤起客户对这种商品或服务的需求欲。

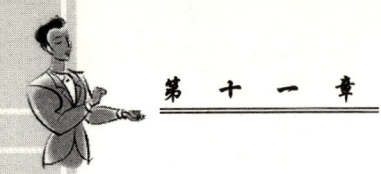

引发情感上的共鸣

在当今产品日益多样化的市场竞争中，各种新产品层出不穷、花样翻新。企业要想在这琳琅满目、形色各异的产品当中胜出，仅仅依靠产品本身的外形和特色吸引客户是不够的。营销者应该把市场竞争从物质的层面上升到精神的层面，在产品的软件上下工夫，通过各种文化和精神的手段引发客户情感上的共鸣，让客户对产品产生好感，从而使企业在市场竞争当中脱颖而出。

通常，人们在满足了安全和衣食等物质需求之后，就会上升到精神需求的层面，寻求爱和尊重等体现归属感与价值感的人类更高的需求。同样，在市场经济当中，产品在满足了人们衣食住行等物质需求之后，它在精神和文化方面的作用就显得尤为重要。这是市场经济进步的表现，也是人类社会进步的表现。

从人类的需求角度出发，经营者应该从关注产品本身的观念中脱离出来，更多地关注产品和服务的文化内涵，从情感的层面吸引消费者。

有这样一个例子，一位年轻的女士在母亲节到来的时候想要为自己的母亲选购一件礼物。她在两家珠宝店分别选择了自己中意的吊坠，然后进一步与客服沟通。A店的客服只是程序性地向她介绍了一下商品的相关情况，并未与她做进一步地沟通；另一家珠宝店的客服得知她选择此款商品是要送给自己的母亲，并没有急着向她介绍商品的相关情况，而是与她聊母亲的形象，在一

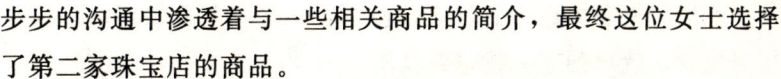

步步的沟通中渗透着与一些相关商品的简介，最终这位女士选择了第二家珠宝店的商品。

情感的力量是巨大的，如果满足了客户的情感需求，引发了情感认可，顾客会抛开商品的价格和品牌等硬件的因素去购买商品。产品只有从满足顾客物质层面的需求上升到满足顾客精神层面的需求，才能适应市场的发展趋势，赢得市场竞争的胜利。

其实，细想起来在快餐业竞争日趋激烈的今天，麦当劳之所以能称霸世界，赢得今天众人皆知的非凡地位，主要靠的是它的"秘密武器"——不是每家餐厅都有，而是每个顾客都需要的——温情感觉。

在麦当劳公司成立之初，麦当劳的广告宣传主题与大多数广告一样，集中表现的是产品和引用高科技、自动化的生产过程等，这也曾经引起许多顾客的兴趣。但是，精密的生产线上不停制造的食品，服务人员机械呆板地忙碌操作，很快被人们所熟悉并令现代人厌倦，于是麦当劳的生意也趋于平淡。他们通过调查研究发现，仅仅依靠机械化快节奏以节省用餐时间，是难以长久吸引顾客的，温情和家庭气氛才是顾客的永恒追求。为此麦当劳公司改变了宣传方向，推出了温暖、轻快的家庭式广告。

在晚霞中，年轻的爸爸妈妈手拉着天真活泼的一双儿女，随着轻松明快的音乐，欢乐地走进金色拱门下的麦当劳，礼貌相迎的服务员迅速地准备好客人选好的食物，一家人坐在带有金黄、橘红及红色交织的餐厅里，愉快地享受着一天最美好的时光及可口的食物……

这就是典型的麦当劳广告，着力渲染麦当劳一再强调的家庭气氛："在麦当劳，你可以享受最美好的时光、最美味的食物。"

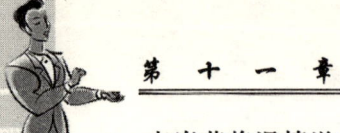

麦当劳将温情送给了顾客，使顾客一看到黄色的"M"和麦当劳叔叔，就想到家，就想到温情。

引发顾客情感上的共鸣是现代社会市场竞争中一个非常重要的手段。引发情感共鸣要做到以下几个方面。

一是要引发顾客的情感共鸣必须有启发性。即必须从产品本身的具体情况出发，引发顾客相同或者相似的情感体验。某家电企业冰箱的广告则推出了全家人其乐融融进餐的画面，引发顾客对家庭和亲情的向往；某汽车的广告则以一个成功的商业人士一天的行程为主导，引发顾客对成功的向往。这些商品广告所蕴含的情感都是立足于产品本身特色，所以能够让顾客产生购买的欲望，满足顾客某一方面精神需要的冲动。

二是要引发顾客的情感共鸣必须有针对性。必须结合顾客的诉求点，不同的人往往有不同的情感诉求点。对于中老年人来说，亲情是他们最大的情感诉求，追寻家庭的温暖和幸福是他们的心愿，向他们推销产品就一定要能够结合他们本身的诉求点。年轻人通常以爱情和成功为最大的情感诉求点，他们非常向往完美的爱情和事业的成功，推销产品就要相应地结合他们的情感需求，合理地进行引导。如果情感诉求和引导错位，那么一定导致营销的失败。比如，一个大学刚毕业、想凭自己实力打拼出一番事业的雄心勃勃的年轻人，你向他传播保护婴幼儿的理念，他一定无动于衷。

三是引发顾客的情感共鸣还需要一定的鼓动性。一般的情感引导是不会给消费者留下太深刻的印象的。虽然也打出了情感牌，可是力度太小引发不了顾客的注意和兴趣。真正要引发顾客的情感共鸣，一定要用那些最感人、最动心的画面和语言去打动顾客，引发强烈的共鸣，才能给顾客留下深刻的印象。某药品广告以一个民办教师和孩子的生活为主题，用老师由于劳累腰酸腿痛、学生送药的画面，突出了学生和老师之间相互关爱的真情。引发人们对民办教师的尊敬和爱戴之情，孩子和老师之间的真挚情感给人们留下了深刻印象，进而产生了对该药品的印象。

人是有情感的，对情感的需求是人类共有的特点。人们经常为了追求情感的满足，很可能会抛弃物质上的需求和拥有，对情感的需求是人类的另一个更高的境界。很多时候，情感的满足往往比物质的满足更会令人获得成就感和幸福感。所以，在营销中打出情感牌是商家采用的高明手段。

灵活打折刺激购买

企业在市场营销活动中，为了促进消费者更多地购买本企业的产品，往往根据交易数量、交易地点、付款方式等不同，在价格上给消费者一定的折扣，以刺激消费者的消费热情。价格折扣主要有如下几种形式。

一是闲时折扣策略。很多企业会为顾客设置一个长期的闲时固定折扣率。例如，一家饭店晚上 6：30 以前是淡季，于是为在此期间就餐的顾客提供折扣。这种策略将有助于补偿一些固定成本，并且吸引更多的顾客以后不在高峰期间光顾，并为同样的菜品支付高价。这样，每个人都能从中受益，企业弥补了固定成本，顾客从折扣中得到实惠。因此，这是一种多赢的策略。

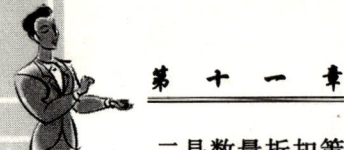

二是数量折扣策略。数量折扣是指卖方为了刺激顾客大量购买，达到一定数量时在价格上给予某种程度的折扣，购买数量越大折扣越大。数量折扣一般分累积数量折扣和一次性数量折扣。累积数量折扣是指对一定时期内（一个月、一个季度、半年或一年）同一买主累计进货数量达到卖主要求时给予的折扣。企业对老主顾或有希望成为老主顾的新买主采用这种策略有利于巩固或发展与他们长期的业务关系，使企业较容易预测销售量。一次性数量折扣是指顾客一次购买的数量达到卖主的要求时给予的折扣，生产厂家或批发企业对临时性买主适宜采用这种折扣方式。

三是提前付款折扣策略。提前付款折扣策略是指卖主向那些能够快速付款的客户提供的一种折扣。卖者总希望买者尽快付款，否则欠款时间越长，就有可能变为呆账。鉴于这些原因，多数企业认为，如能得到快速付款，即使付出一定代价也是合算的。如某项商品的成交合同中规定，全部货款必须在成交后 30 天内付清，但如果在 10 天内付清，卖方给予买方 2% 的现金折扣，在其后的 20 天内付款，就要按发票上的开价支付。在企业间相互拖欠货款的现象比较严重的情况下，实行该策略可以帮助企业加速资金周转，减少财务风险。

四是季节折扣策略。季节折扣策略是生产季节性产品的企业为刺激经销商和顾客在淡季购买欲望，实行的季节性价格折扣。生产季节性产品的企业实行季节折扣，可以减少季节差别对企业生产经营活动的不利影响，有利于企业进行均衡生产，充分利用企业的设备、人力等资源，减少资金积压和保管费用，使淡季不淡，提高经济效益。例如生产电风扇、四季时装的企业，就可以在淡季向订货的商业企业提供较大折扣，降低生产企业的储存成本。商业企业如能把生产企业提供的季节折扣再提供给消费者，也会在淡季获得更高的销售额。

商家在打折的时候，不要跟着别人走，别人打折就打折，要根据自己的具体情况来打折。

好的产品好的包装

包装是指将产品盛装于某种容器或包装物之内，以便运输、陈列、销售和消费。在现代经济生活中，产品的包装日臻重要，已成为商品生产不可缺少的组成部分，越来越为企业家们所重视。随着经济的发展，消费水平的提高，人们对于产品的需求已经不仅仅局限于功能方面的满足，还需要得到心理上的满足。

消费者接触一件商品时，首先进入视觉的往往不是产品本身而是产品的包装。能否引起消费者的兴趣，触发其购买动机，在一定程度上取决于商品的包装。一般来说，产品的内在质量是竞争的基础，但一个优质产品，如果没有优质的包装相衬托，给人的感觉就完全不同，就会削弱其竞争能力，降低身价。

中国苏州生产的檀香扇原来采用一般的包装，在香港市场上售价为 65 元港币，后来由于改用了锦盒包装，有效地衬托出檀香扇的高雅、精致，每把售价可卖到 165 元港币，且销量大幅度增加。又如名贵药材人参，过去出口时用木箱包装，每箱 20 斤，改用精致的小包装后，身价大大提高。由此可见，产品的包装已逐渐成为产品的一个重要组成部分，产品和包装已经难解难分地

中小企业营销指南

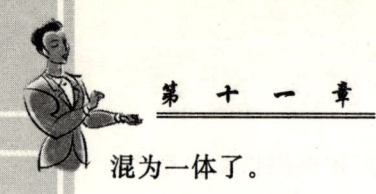

混为一体了。

产品的包装一般可分为三个层次。第一层次的包装是指最接近商品的容器，或称为内包装，如盛酒的酒瓶。第二层次的包装是指保护第一层次包装的材料，或称为中层包装，当商品使用时即被丢弃，如酒瓶外的纸盒。它除了起到保护瓶子的作用外，还为商品提供了进一步的促销机会。第三层次的包装是指运输包装，或称为外包装，如运酒的纸板箱。此外，标签也可视作是包装的一个组成部分，它是由附在包装上的图案和说明文字所构成的，常常和包装物合为一体。

包装之所以愈来愈受到重视，主要是其具有以下功能。

一是保护产品。包装能使产品从制造厂到消费者或工业使用者之间的整个运输过程，以及在使用前或全部使用完毕前的保存期间不致被损坏、散落、溢出或变质，从而保护产品的使用价值，便于产品运输。

二是增进产品的销售。包装是争取顾客的重要手段。利用包装来宣传产品的性能、特点和用途，能美化产品的形象，吸引顾客，从而增进销售。中国上海出口的手帕，过去用牛皮纸包装，5打1包，销量不佳。后改为配套的小包装或半打1盒、3条1盒的全透明包装，可透过盒面看到手帕的各种印花图案，加上不同的折叠花样和各种盒底印刷色彩，显得美观大方，既适应超级市场和高级商店的销售，又能宣传商品，扩大影响，增加出口。

三是增加利润。装潢美观、造型科学的包装，往往可以抬高产品的身价，超出的价格远高于包装的附加成本，且为顾客所乐意接受。过去中国出口的人参，因采用大包装，不仅卖不上价钱，外商还怀疑其真假。后改为内用木盒、外用铁盒包装，显得小巧玲珑，一见就给人以贵重滋补药的感觉，结果不仅扩大了销售量，还使每吨人参比大包装多卖 23 000 美元。极大地增加了利润。

包装的设计与装潢的重要作用就显而易见。总的来说，产品包装设计应符合科学、经济、牢固、美观、适销的原则。

促销工作要做到位

促销是通过提供给购买者正常销售之外的附加利益来刺激购买者的需求，所以促销总是要付出一定代价的。同时促销也必须要求相应的回报，比如企业希望 1 元钱的促销费用要产生 15 元的销售收入。采取科学的促销方式，能够通过提高销量来达到更多利润的目的。

1920 年，在英国有个叫斯洛的商人，主要经营糖果生意。他有一家糖果小厂和几家小店，但是，糖果的销售状况却不尽如人意。面对众多大厂商的竞争，他并没有放弃与他们竞争的机会，使出全部解数，但都收效甚微。面对销量越来越少的销售局面，他整天在想：怎样让小孩子都来买我的"香甜"牌糖果呢？

一天，刚下班的他被一群玩游戏的孩子吸引住了。孩子们把糖果平均放在几个口袋里，把一颗大一些的糖作为"幸运糖"偷偷放进其中某个口袋里，不让别人知道，然后大家随意选一个口袋的糖果，拿到"幸运糖"

的那个人就可以当皇帝，而其他人就是臣民，每人要上供一颗糖给皇帝。斯洛开始思索着这种有趣的游戏规则应该可以作为一种销售手段，就这样一个销售灵感在他脑海里形成了。当时，英国的许多糖果是以 1 分钱价格卖给小孩的，斯洛就在一些糖果包里包上 1 分钱的铜币作为"幸运品"，并在报纸、广播电台及有名气的书刊上挂广告语："打开，它就是你的！"

这一销售妙计很有效果，如果买的糖果中包有铜币，这包糖果就等于完全免费，孩子们都会为了幸运免费吃到糖果而去买斯洛的糖，斯洛干脆把这种糖果的名字也改为"幸运"糖果。后来，他还将"幸运"糖描绘成一种可以获得幸运机会的动物，并创造出一个可爱的小动物形象作为糖果标志，人人都非常容易记住"幸运"糖果。斯洛的"幸运"糖果立即闻名全国，斯洛糖的销量迅速暴涨了几百倍。

之后斯洛把这种销售方法更进一步发挥，如果买中"幸运"糖的不仅免费，还可以奖励五颗糖。而且在斯洛食品中放上其他诸如玩具、连环画、玩具手枪等吸引小孩子的玩具。斯洛虽然抛出的只是些小玩意儿，但引来的却是销售奇迹。

在商业竞争异常激烈的今天，经营者要想获得成功，除了有质量上乘的产品外，还必须要有高明的促销策略。

1979 年 10 月 7 日，是日本民间传统的良辰吉日。

日本索尼公司在 5 个月之前就开始做调查，预计当天日本全国将有 15 万对新人结婚。索尼公司根据这一调查结果，积极筹备最新产品——录像机的推广活动，他们这次策划就是以祝贺为主题。从 1979 年 8 月开始，索尼公司在日本各大报纸陆续刊登广告：结婚情侣登记大抽奖，10 月 7 日结婚的情侣，由索尼公司免费赠送最佳礼物：把婚礼一一拍成华烛盛典录像带。此消息一经登报，旋即万余对情侣蜂拥而至，竞相登记。由于参加抽奖的新婚夫妇都留下了详细的个人数据，因此，索尼经销商即派员按地址登门拜访，既引起新人的兴趣，又不断刺激购买的欲望。录像机不仅新婚夫妇会买，而且新郎、新娘及其亲友也会买，可谓一箭数雕，造成索尼录像机空前大热销。

索尼公司赠送促销成功的关键是找对了消费者感兴趣的地方，同时也适当结合特有的宣传方式扩大赠送促销的影响。于是，赠送使消费者有机会接触、了解企业的产品，进而悄悄地打开了市场。

促销是企业整体营销策划中的重要一环，企业必须全盘规划促销活动。

赠送礼品带给尊重

赠送促销是企业运用最广泛的促销方式之一。赠送是市场营

销过程中比较常用的一种促销手段。赠送是通过向消费者赠送小包装的新产品或其他价格便宜的商品，来介绍需要推广的产品特点、性能、功效，以达到扩大销售的目的。尤其是在新产品上市初期，赠送产品能够产生体验、试用、促进尝试性购买以及迅速建立起品牌信誉等效果。

下面几个关于赠送促销的销售小故事可以作为佐证。

王府井步行街上有家美容院，顾客在这家美容院做完美容之后，可以免费拍一张照片。爱美之心人皆有之，真实记录下生命中最美好的瞬间，永久保留自己最光彩的形象是每一个人的心愿。美容院的这一举措，不仅让顾客多一份实惠，而且满足了顾客的心理需求，自然大受顾客青睐。

在北京有一家专卖渔具的商店，每逢节假日这家渔具店就推出"买一送一"活动。店家在柜台边设置了一个大鱼缸，里面有许多活泼的小金鱼，并准备了小的渔竿，吸引了许多带孩子的父母。许多家长买了渔竿后，就让孩子自己动手钓喜欢的小金鱼，然后高高兴兴地带回家。这一招的成功之处在于激发了孩子的好奇心理，在尝试中促进了渔竿的销售。

做赠送促销活动就是要消费者从商家手中得到的不仅仅是促销产品本身，同时还有企业对消费者的"重视和关心"——在某种程度上拉近了企业与消费者之间的关系，进而使产品销售变得容易起来。在策划赠送活动时，要充分考虑主要目标消费群的心理需求，并采取充分满足其心理需求的赠送方式，否则，促销效果会大打折扣。

日本料理是世界公认的烹调最为一丝不苟的国际美食。在日本横滨市有一间名为"有马食堂"的料理餐馆，这家料理餐馆的外表装修并不华丽高雅，其内部也十分朴素简单，它供应的菜式也是日本较大众化的东西。但是"有马食堂"料理餐馆的生意十分红火，每天有着络绎不绝的顾客，大部分都是带着小孩的顾客。没有来过这家料理餐馆的人也许不知道，但只要到过这家餐馆的人就会明白，餐馆的生意之所以比别的同类餐馆兴旺，其原因正是在经营上有自己独特的方法——以馈赠的形式招揽顾客。

每当有顾客带着小孩前来"有马食堂"料理餐馆用餐时，该餐馆的服务员就会热情地给顾客带来的小孩送上一条由本店"画家"当场画的各种精美动物图案的纸制围裙。小孩在餐馆用餐时围上这一美不胜收的小围裙，吃得十分开心，父母也可以好好进餐，同时还可给小孩带来很大的乐趣。用完餐后，这条围裙可以带回家去，从而小孩就得到了一件礼物。

事实上这条纸围裙并不值多少钱，可是由于这条围裙所画的图案均是小孩喜欢的小动物，生动有趣，使小孩爱不释手。因为围裙是手画的不同图案，小孩总希望多获得几条，所以常常要求父母带他们到"有马食堂"去用餐。天下父母都有一颗爱子女之心，看到孩子得到

围裙的高兴情景，自然会寻找时机带孩子前来光顾。开始时，这些顾客与其说是用餐，不如说是为了取悦于自己的儿女。

正是这样一次两次甚至多次重复，顾客们对"有马食堂"就有了感情，成为忠诚的食客了。渐渐地"有马食堂"的名声传遍了横滨市，成为家喻户晓的料理餐馆。

"有马食堂"馈赠围裙的手法，就是"利而诱之"的宣传法。"有马食堂"故意先给就餐的小孩馈赠绘有精美图案的围裙，那些小孩为了多获得几条围裙，常常要求父母带他们到"有马食堂"去用餐。"有马食堂"就这样施了一点小利而获得了大量的回头客。

给顾客小恩小惠并不单纯是利用顾客的补偿心理，更重要的是能够带给消费者被重视、被尊重的感觉，是跟消费者的情感互动与联系。人是感情动物，消费者和商家除了买卖关系外，也需要一些感情的交流，让消费者在日常的消费当中享受到额外的赠送和恩惠，相对于无礼品赠送的简单的买卖关系，消费者的感情更倾向于那些有礼品赠送的公司，因而就更乐意购买其产品。

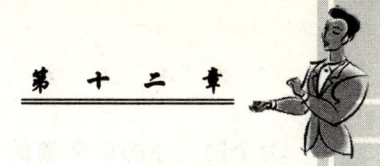

第十二章 跟上潮流 手段创新

要巧妙进行新闻宣传

　　新闻宣传的具体含义是什么呢？新闻宣传是策划人根据企业市场营销的需求，遵守新闻规律、现行法律和社会公德，策划出有益社会的、媒体关注的、有价值的活动与事件，并通过媒体进行广泛传播，从而达到扩大企业知名度、提升企业形象和促进产品销售的目的。需要特别指出的是，新闻宣传与那种制造假新闻、变相广告和有偿新闻是不同的，所以不能混为一谈。

　　2000 年 5 月初，张艺谋突然宣布将在互联网上和全国范围内，包括北京、杭州、深圳等十几个城市设点公开寻找电影《幸福时光》的女主角。张艺谋的名人效应和首次全国大规模公开选择演员的"新鲜性"，使媒体对这一事件报以了极大的热情。在持续了整整 3 个月的"选秀"过程中，《幸福时光》剧组走到哪里，新闻就热到哪里，某某人选、某某"浮出水面"的消息接踵而来，各种有关《幸福时光》"选秀"的报道连篇累牍。到 2000 年 7 月底，大连女孩董洁终于从 4 万名应征女孩中脱颖而出，成为全国关注的最幸福的"幸福女孩",也使媒体对这一事件的报道达到了高潮。

在这一事件中,寻找女主角就是一个新闻,目的是以此提高影片的知名度,最终带动影片的票房收入。这一策划从宣传效果上来说非常成功,大量的新闻报道,就像免费的广告,使《幸福时光》未映先热,吊足了观众的胃口。

不过需要特别强调的是,优秀的"宣传策划"带来的新闻,不是社会上通常所理解的只有凭关系、靠权力才能刊发的"红包新闻",而是符合新闻规律和社会公德的、具有强烈新闻价值的、能吸引媒体主动找上门来报道的好新闻。像《幸福时光》的"选秀"事件,并不需要剧组派发"红包",媒体都是蜂拥而至"抢"着来进行报道的。

当今,传媒以其无孔不入的存在,已经成为一种对公众具有很大影响力的社会力量——影响着人们的观念、喜好、习惯,甚至是信仰。正因为传媒在现代社会有着如此强大的力量,因此企业都希望能借助传媒,来达到商业上的目的。比如在媒体上做广告,就是借助传媒力量来达到商业目的的一种常见手段。可是,企业的常规活动是难以在新闻中露面的,比如像某某酒店开张之类的事件,因为有着太强的企业宣传色彩和"红包"嫌疑,一般不会被刊发。另外,世界上每天都发生大量的新闻事件,而每个人可能接受的新闻却极为有限,一条普通的企业新闻即便通过关系刊发了,也往往会被湮没在新闻的海洋里,难以引起别人的关注,更难让人产生印象。

因此,企业"营销的新闻宣传"要想真正起到作用,就必须对活动进行精心策划,从而产生社会关注、媒体感兴趣的新闻。

新闻宣传借助的是媒体的力量，而媒体一直被称为"无冕之王"，有着特殊的地位和能量。因此，新闻宣传也具有许多其他策划所不具备的优势。新闻宣传的优势主要有以下几个方面。

一是新闻宣传可信度高。在中国老百姓的心目中，报纸、电视和广播的观点就是政府的观点，因此中国的媒体比国外媒体有着更大的权威性。官方一篇社论，可以让股市狂升或暴跌；媒体一篇报道，可以让企业出名或破产。也正是有着这样的社会现实，使新闻宣传在中国特别有用武之地。有许多事，单靠做广告不一定能让消费者相信，但如果通过新闻来表达，则很容易对消费者产生影响。

二是新闻宣传受众面广。新闻媒体面向的是整个社会群体，受众面特别广。只要新闻好，一个地方性的新闻会成为全国的焦点，一个行业的新闻也能引来全社会的关注。新闻的这一优势，特别有助于企业品牌和产品知名度的提升。

三是新闻宣传关注度高。大多数人都关注时事、政治、科技、文化、时尚等，又都有"求新"、"求异"的本性，对与众不同、稀奇古怪的事情充满着好奇。因此，一件新闻如果能满足人们在这两方面的需求，肯定能赢得很高的关注度。

四是新闻宣传成本较低。新闻宣传和广告策划的目的是一样的，都是通过对企业的品牌和产品进行宣传，从而推动产品的销售。但相对于广告，新闻的费用要低得多，每做一个广告，企业必须真金白银地投入，而做新闻则不同，从理论上讲，好的新闻策划甚至是不需要一分钱的，因为一个吸引人的新闻事件会让媒体主动赶来争着报道。

不过在实际的操作过程中，由于策划新闻事件本身就需要投

中小企业营销指南

入，加上推动媒体报道也需要一定的费用，因此是有成本的，只是这样的成本很低，尤其与广告相比，新闻策划可称得上是一种真正低成本的宣传手段。

在中国，媒体是一种力量，是企业不能忽视和应该借助的一种社会力量。因此，企业需要媒体，市场营销要懂得利用新闻宣传。实际上，一个好的新闻宣传往往会形成政府满意、企业满意、媒体满意和老百姓满意的"多赢"局面。

以点带面关注全局

人们经常看到很多超市打出亏本经营的口号。这些超市真的在亏本经营吗？其实不然，亏本只是一个幌子，亏本的只是一两件商品，一两件商品亏一点点，无所谓，更主要的是带动了其他商品的销售。

在日本东京有一家昂贵的咖啡馆，一杯咖啡的价格要 5 000 日元，然而，生意却十分好，顾客络绎不绝。

有人不相信这是真的，更多的人认为这是咖啡馆欺骗敲诈顾客；但同样令人难以置信的是，尽管价格如此昂贵，老板也赚不到钱，这是什么原因呢？原来这杯咖啡成本太高。

这杯昂贵的咖啡之所以昂贵，主要有以下三点原因。

第一，装咖啡的杯子是法国制造的，十分名贵，每个咖啡杯价值 4 000 日元。每当顾客用完咖啡后，这个咖啡杯将被包装好奉送给顾客。

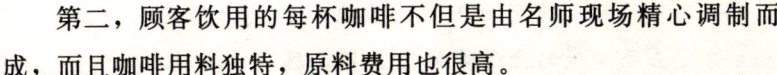

第二，顾客饮用的每杯咖啡不但是由名师现场精心调制而成，而且咖啡用料独特，原料费用也很高。

第三，这个咖啡馆的服务极尽殷勤、周到。在装潢如宫殿般豪华的咖啡馆内，有许多打扮成古代宫女模样的服务员侍候在旁，顾客自感飘飘然，恍若万人之上的帝王，其意境不可言状。

很多光顾这家昂贵咖啡馆的顾客大多都是出于好奇，而这些好奇的顾客来过一次，往往就很难忘却馆内奢华的氛围，不但自己下次还会光临，而且更会向亲友义务宣传，引来更多的顾客。

其实馆内还有许多普通价格的咖啡和其他饮料，而这些才是该馆真正的赚钱来源。5 000 日元一杯的咖啡只不过是这家咖啡馆吸引人的一个广告而已，大多数顾客喝的都是普通的咖啡和饮料，如果顾客都喝那杯世界之最的咖啡——那杯并不赚钱的咖啡，那么毫无疑问这家咖啡馆很快就会关门。

一些人看来，有些销售行为表面上看起来是在亏本，那是因为很多人往往只关注眼前的收益，没有看到这样的成交会带来多少其他的财富。以点带面之法是一种高级的营销方式，精明的商人总是对此青睐有加。

吉列公司一直保持不俗的销售业绩，与老板吉列的销售方式是分不开的。将一把剃刀的零售价定为 55 美分，这价格实际上不到其成本的 1/5。在别人看来，吉列做的是赔本买卖，实际上，吉列是大赚特赚。因为"吉列剃刀"只能使用吉列发明的专利刀片，顾客每次购买剃刀，必须买刀片，吉列把刀片定价为 5 美分，而实际成本还不到 1 美分，商家有利可图。对顾客而言，

一个刀片可以使用六七次，每次刮脸成本不足 1 美分，这是去理发店刮脸消费额的 1/10，顾客当然趋之若鹜。

第一次世界大战爆发后，吉列时刻关注着战局的发展，盘算着如何把自己的新式剃须刀推向世界。1917 年 4 月，美国向德国宣战，并派兵进入欧洲战场。走上战场的士兵们总不能带着剃须刀、磨刀石和皮条上战场吧，吉列相信，士兵们一定更乐于使用新式保险剃须刀。吉列抓住这次机遇，以成本价向军需品采购部门供应安全剃须刀。于是，美国国防部给每个士兵发了一把吉列安全剃须刀并配发几十枚吉列刀片。就这样，一把把新式剃须刀被送进盟军战壕。战争结束后，盟军士兵把这些剃须刀带回自己的祖国，免费为吉列剃须刀做了宣传。就这样，赴欧洲战场作战的美国士兵把保险剃须刀的影响扩展到了全世界。

虽然吉列是以成本价把剃须刀卖给政府的，甚至还得自己掏运费，表面上看这又是一桩赔本买卖，但实际上吉列正是利用这一策略扩大了剃须刀的影响。这一年，吉列共销售剃须刀片 1.3 亿片，获得空前成功。

做销售工作，不能只看到一个点，而应该看到整个面。

巧妙定价促进销售

定价是一门艺术，灵活巧妙的定价，对商品的销售和利润大

有好处。

在美国纽约有一家商店，专门经营厨房用品、日用杂货、家用小五金、小包装食品等，门类齐全，品种繁多。这家商店虽然铺面不大，陈设也很一般，可是顾客却很多，生意十分兴隆。

在别的商店，对出售的商品都分别标价。可是这家商店却是统一标价，凡店里出售的商品都是99美分。因此，这个商店的名称也就是"99商店"。营业员准备了大量的一美分零钱，顾客拿出1美元的钞票，方便找零。

99商店经理对自己的"99商店"的解释是："1美元和99美分，虽然仅仅只是1分之差，但是在顾客的心理上却会引起不同的反响：1美元是'元'字数，而99美分则是'分'字数，在感觉上，后者似乎比前者要便宜得多。"

聪明的老板抓住顾客的价格接受心理。产品定价具有高深的策略性和艺术性。"99商店"的做法确有别出心裁的妙处，它符合了人们讲究价廉实惠的购货心理。因为社会上富有者固然大有人在，但大多数还是普通收入的人。说到底定价的策略性和艺术性就在于使商品激发起顾客的购买欲望。这个"99商店"老板就是这样一位懂得顾客心理的"艺术家"商人。

美国福特汽车公司在1956年推出了一款新车。这款汽车样式、功能都很好，价钱也不贵，但是销售量却一直上不去。公司的经理们急得就像热锅上的蚂蚁，绞尽脑汁也找不到让产品畅销的办法。

有一天，一位名叫艾柯卡的销售员对这款新车产生了浓厚的兴趣，他来自费城，是一位刚毕业不久的大学

生。艾柯卡当时是福特汽车公司的一位见习工程师，与汽车的销售毫无关系。但是，公司老总因为这款新车滞销而着急的神情，却深深地印在他的脑海里。他开始琢磨：我能不能想办法让这款汽车畅销起来呢？终于有一天，他灵光一闪，脑海中浮出了一个大胆的创意，内容为："花56元买一辆56型福特。"

这个创意的具体做法是：谁想买一辆1956年生产的福特汽车，只需先付20%的货款，余下部分可按每月付56美元的办法逐步付清，他的建议得到了采纳。结果，这一办法十分灵验。

"花56美元买一辆56型福特"的广告人人皆知。这一做法，不但打消了很多人对车价的顾虑，还给人创造了"每个月才花56元，实在是太合算了"的印象。

奇迹就在这样一句简单的广告词中产生了，短短3个月该款汽车在费城地区的销量，就从原来的末位一跃而为冠军。这位年轻工程师的才能很快受到赏识，总部将他调到华盛顿并委任他为地区经理。

定价有学问，企业经营者一定要仔细研究。

据理实施加价策略

消费者都乐意看到降价，因为降价能给他们带来实惠。对加价一般都有抵触情绪，因为随着社会的发展与技术的成熟，降价是趋势，怎么会加价呢？但很多时候面对成本的增加，企业不得不加价，怎么办呢？中小企业要采取科学的方式来加价。

万宝路策划的销售经常与众不同，在加价方面也表现出独特的一面。20 世纪 80 年代万宝路烟草在德国市场遭到本国香烟的残酷竞争。在德国每盒售价 4.2 马克的"万宝路"已无利可图了，而上调价格将会丧失竞争力。面对如此激烈的市场环境，万宝路采取了另类的手段。

根据人们的习惯或者说是国际惯例，每盒香烟里有 20 支，万宝路公司出售到德国的香烟每盒却只有 19 支。万宝路公司测算过，每盒香烟少装一支，按原来的价格出售还有微薄的利润，而且一盒中少了一支对消费者来说影响不大，而且通过包装盒子的改变也会给顾客带来新奇感觉。万宝路公司通过这一次的"减支不涨价"的营销策划使得万宝路香烟仍稳占它的德国市场。

加价与减支，看似是一个分币的两面，但给买主的心理影响却有很大不同，常购买同一种商品的人，往往对价格比较敏感。

很多情况下，企业会迫不得已加价，但加价一定要有充分的理由，要让顾客心服口服。具体来说，加价的理由有以下几个。

一是提供附加功能。如果企业提供的额外功能可以证明提高价格的合理性，企业就能够比其竞争对手索取更高的价钱。这种额外的功能可能包括更强的灵活性、更快的速度、更人性化的设计。例如更大范围的送货上门，更简便的维修支持，"免费"大礼包等。审视自己企业的产品和服务特色。如果什么特色都没有，可以去人为地制造一些特色，从而使企业有理由加价。一定要使顾客认为所提供的额外功能是有价值的，并且愿意支付额外

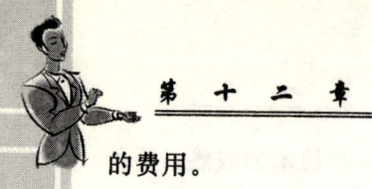

的费用。

二是使顾客相信是"投资"而非购买。如果企业正在从事这种行业，虽然比竞争对手索要更高的价格，但要让顾客知道企业的优势所在。如果他们很在意价格，企业可以尝试改变他们的思维方式，让他们将这种支出看做是能够带来回报的投资。比如有一家广告公司，为企业做一条广告的费用是 5 000 元，但是他们让同城的一家小广告公司来做只需要一半的价钱。这时，广告公司就要让客户相信 5 000 元可以带来 10 万元的额外收入，而小广告工作未必能够带来相似效果，甚至可能使客户企业的促销失败。因此，花上 5 000 元产生 10 万元的净收益相对来说是便宜的，而花上 2 500 元产生 2 000 元的净收入相对是昂贵的。

三是销售价值而非价格。企业必须证明服务的成本和服务对于客户的价值。企业要评估服务质量对于顾客的价值，并且一定要大力宣传服务质量的价值。比如，企业的业务是为各类企业提供速递服务。如果企业仅仅在价格上促销，将只能吸引那些对价格敏感的企业，他们已经货比三家，因为本企业价格便宜最终采用。更好的策略是靠价值来销售，重点宣传产品能给顾客带来的好处，从而在他们的脑海中建立起物有所值的概念。例如，不说"本公司提供整理和邮寄的服务，迅速且低廉"，而是说"让我们帮您处理大量的邮件可以节省时间和减少麻烦，您的邮件将会朝发夕至……"当企业从保证速度的角度传达服务价值的信息后，企业就实施了有效营销，就算其他快递公司索要的价钱比本企业低也没有关系，因为我们的服务更有价值。

四是改变顾客的感觉。顾客对企业产品的感知是会变化的，企业可以影响他，甚至通过品牌策略来增进产品的良好印象。如果通过品牌战略成功地将产品定位为奢侈品，顾客就会觉得它是种奢侈品，从而愿意支付更高的价钱。例如，一块香皂，定位为奢侈品，并且包装精美，在制造和包装上比普通家用香皂的成本高 20％，但是价格能够超过普通香皂好几倍。

五是价格差异化。有时企业可以对于相同的产品索取不同的价格。如果你想让邮件在第二天就寄到目的地或者在春节去海南度假，你就必须支付额外的费用。产品没什么变化，但是，由于对它们的需求非常强烈，所以顾客愿意（或者不得不）多付钱。

六是推出新产品。有时企业在推出新产品时制定较高的价格，以此故意将其区别于一般的同类产品。那些自视非常时尚的人通常很愿意高价购买这些商品。但是，当这部分市场饱和之后，企业就应该适时下调价格，以吸引那些一般消费者的注意。

加价需要策略，加价需要理由。

借名扬名提高声誉

名人效应是指因名人出现而引起受众注意并以此强化事物和扩大影响的现象。名人是人们的听觉、视觉活动中接触比较多，而且比较熟悉的群体。消费者出于对名人的喜欢、信任甚至模仿情感，并自愿将这种情感转嫁到对产品的喜欢、信任和模仿上，由此推动产品的销售。这就是典型的利用名人效应的方法。

人人皆知的拥有百多万读者的权威周刊杂志《波士顿》，如今能有如此大的销售量，这应归属于老板卡吉斯的良策。

中
小
企
业
营
销
指
南

最初，《波士顿》杂志发行量小，读者也不多，是一本名不见经传的小刊物。后来经过老板卡吉斯的认真分析并找出其中的问题，发现自己的周刊从未刊登过著名作家的作品。于是，他便邀请一些著名作家们在《波士顿》杂志上发表文章，可是著名作家们根本不把该杂志放在眼里，不予理睬。这些名作家中包括当时很有名望的女作家奥可敦女士。但是老板卡吉斯不甘心就此失败，并下决心要把奥可敦的作品刊登到《波士顿》杂志上。

卡吉斯通过调查，从奥可敦女士以往发表的小说和其他作品里发现，她对慈善事业有着特别的热心，她极力宣传慈善事业对于人类贡献的伟大意义及前景等。针对这一发现，卡吉斯有了主意，他马上着手对《波士顿》杂志的版面做了重大调整，专门为慈善事业设立了专栏，然后给奥可敦女士寄出样刊，请她提出宝贵意见。

奥可敦见《波士顿》杂志的主办人对慈善事业也如此热爱，很受感动，随即向《波士顿》杂志的主办人提出了进一步调整的意见，并将自己刚写的文章一起送到《波士顿》杂志社。

卡吉斯立即将奥可敦女士的文章和意见刊载在经过调整的杂志上，令人耳目一新，一些有影响的作家见奥可敦女士时常在杂志上发表文章，渐渐地为该杂志供稿，从此《波士顿》杂志的身价陡然升高。

借名扬名，不失为一种成功秘诀。对中小企业来讲，请名人代言需要花费大量的代言费，因此，需要另辟蹊径，巧妙利用名人的影响。

在现实中，还有很多企业喜欢使用这样一招——就是把企业的产品提供给名人使用，利用名人在社会各界的重大影响，为企业和产品作"活广告"。

法国的白兰地酒最初在美国市场的销售量一直不佳，白兰地公司为占领巨大的美国市场，耗资数万专门调查美国人的饮酒习惯，制定出各种推销策略，但因促销手段单调，结果却收效甚微。

一名叫柯林斯推销专家向白兰地公司总经理提出一个推销妙法：在美国总统艾森豪威尔67岁寿辰之际，向华盛顿赠送白兰地酒，扩大白兰地酒在美国的影响，进而扩大白兰地公司的美国市场，总经理采纳了这个建议。白兰地公司首先向美国国务卿呈上一份礼单，上面写道："尊敬的国务卿阁下，法国人民为表达对美国总统的敬意，将在艾森豪威尔总统67岁生日那天，赠送两桶窖藏67年的法国白兰地酒，请总统阁下接受我们的心意。"

然后，他们把这一消息在法美两国的报纸上连续登载，仿佛平地一声惊雷，白兰地公司将向美国总统赠酒的新闻成为美国千百万人街谈巷议的热门话题。

法国白兰地公司用专机将两桶白兰地酒运到华盛顿的当天，同时举行隆重的献酒仪式，穿着宫廷侍卫服装的法国人精神抖擞，风度翩翩，4名英俊的法国青年抬

着由著名艺术家精心装潢的两桶白兰地酒从机场出发，经过华盛顿宽敞的大街直往白宫而去，数以十万计的美国市民夹道观看，盛况空前，人群中不时欢声雷动，总统生日庆典变成了法国白兰地酒的欢迎仪式。

与此同时，美国报刊、电台都以此为头条新闻向社会各界争相报道，白兰地酒的名声一下子传遍美国城乡每一个角落，争购白兰地酒的热潮在美国各地掀起。

从此以后，国家宴会、家庭餐桌上少不了白兰地酒，白兰地酒成功占领了美国市场，白兰地公司的收益大幅度增加。

法国白兰地公司就是巧借美国总统艾森豪威尔的大名，在他生日之时赠送两桶白兰地酒作为贺礼，并且通过媒体对此事进行大肆渲染，使得美国人民对白兰地酒大为关注和好奇，都想品尝一番。白兰地公司的这种经营谋略也是我国所谓的"借冕播誉"的办法，即是借皇帝皇冠这至高无上的权威来提高自己的声誉和身价。

中小企业一定要懂得巧妙地借名，名人本身就有知名度，再加上新闻媒体的大肆宣传，会给企业带来广泛的社会效应和巨大的经济效益。

利用"色彩"来营销

色彩策略是在广告中突出产品的色彩或包装的色彩，借以影

响消费者，吸引其注意或购买。很多企业对色彩的运用很在行，但有一些企业却忽视了色彩在营销中的作用。

人们对色彩的敏感度是很强的，不同的色彩带给人们以不同的情感和心理体验。比如黑色给人肃穆凝重之感，红色给人热情奔放之感，白色给人纯洁宁静之感，黄色给人明快鲜活之感等等，每一种色彩都能带给人不同的体验。这种色彩的影响力虽然是有限的，但是在很多时候影响和左右着人们的决策与判断。

色彩营销不仅在企业营销组合策略中起着重要的作用，为商业创造巨大市场价值，而且在非营利组织中得到良好的发展，如政府的城市规划设计、城市美容、社会团体的公益性广告宣传等。总之，随着色彩营销理论的发展与传播，色彩策略在企业营销活动中的运用越来越频繁，并将逐渐成为企业在激烈的市场竞争中获得竞争优势的一个重要手段。

中小企业营销指南

　　美国人亨利的餐馆设在闹市区，服务也热情周到，价格便宜，可是前来用餐的人却很少，生意一直不佳。一天，亨利去请教一位心理学家，那人来餐馆观察了一遍，建议亨利将室内墙壁的红色改成绿色，把白色餐桌改为红色。整改后，前来吃饭的顾客果然大增，生意兴隆起来了。亨利向那位心理学家请教改变色彩的秘密，心理学家解释说："红色使人激动、烦躁，顾客进店后感到心里不安，哪里还想吃饭；而绿色却使人感到安定、宁静。"亨利忙问："那把餐桌也涂成绿色不更好吗？"，心理学家说："那样，顾客进来就不愿离开了，占着桌子会影响别人吃饭，而红色的桌子会促使顾客快

吃快走。"色彩变化的结果，使饭馆里的顾客周转快，从而使饭菜卖得多，利润猛增。

不要忽视色彩的重要性，色彩跟心理有着千丝万缕的联系，恰当的色彩能抓住客户的心理。

一些企业在产品制造、包装装潢上也运用色彩的感召力来促销。如1987年，日本厂商根据市场调查，改变了铅笔红蓝黑三种固定色彩，推出了30多种中间色，制成轰动一时的"彩色铅笔"，这就是善用色彩变化来取悦消费者的成功事例。

除了突出产品或包装的色彩特点要适应消费者的个性特点外，还要注意调动消费者心理愉快感和色彩联想力。心理愉快感跟民族习俗、所处环境、季节时令等都有关系，比如，在部分苗族聚居区，黑色会引起居民的愉快感；在沿海或高原，蓝色会引起愉快感；在夏季，冷色会引起愉快感；在冬季，暖色会引起愉快感等等。色彩联想力跟个人的兴趣爱好、理想志向追求、生活习惯及生活遭遇等密切相关。比如，对于白色，医院的医护人员很容易产生职业联想，久住医院的病人则容易产生病痛联想，常进餐厅的食客容易产生清洁联想，喜欢围棋的人则可能产生兴趣联想等等。

广告中对色彩的定位一定要慎重，如果选择不当，所宣传的色彩特点便不能成为人们购买行为的诱因，甚至还可能因为人们对色彩的特殊敏感性而产生广告负效应。

产品往往不在于使用了多少色彩，而在于色彩运用得是否恰当，因此在广告中选择色彩时既要根据目标市场的色彩需求及偏好特征，又要结合企业的文化、产品的特点以及与环境的协调，形成企业独特的广告宣传效应。

利用"概念"来营销

　　在这个多彩的时代，消费者的注意力被各种各样的营销所吸引。因此，给消费者一种概念，然后将这种概念在消费者心中打上烙印是商家的明智之举。凡是产品披上了概念的外衣，身价肯定一路飙升，所以某些企业不惜一切代价找"概念"来热炒，比如"纳米"、"基因"等高科技名词；"生命"、"健康"等人命关天的概念；还有一些"网络"、"数字"等流行时尚的词汇。在产品日益同质化的今天，概念营销已日益成为企业打破雷同化，寻求差异化，突显个性化，建立和巩固品牌或产品自身发展优势的一条捷径。

　　所谓的"概念营销"，是指企业从消费者的心理需求和市场发展趋势出发，将产品的某些特性概括成一个概念，并通过各种媒介广为传播的一种营销策略。概念营销关键是推出能够使消费者的理性认知与积极情感相结合的新概念，通过导入消费新观念来进行产品促销。在概念营销过程中，企业为消费者提供近期的消费走向及其相应的新概念产品信息，以此吸引消费者的眼球，并唤起消费者对新产品的热切期待。最终目的是通过让消费者对新产品形成深刻印象，建立起鲜明的特色概念、品牌概念、形象概念、功用概念、服务概念等，从而增强企业的竞争实力。

　　概念营销源自于现代营销适应消费和创造需求的功利主义本

质，在攻城略地抢占市场的竞争中发挥着先锋和号角作用。随着社会物质文化水平的提高，消费者对消费品的鉴别能力逐渐提高，他们的需求日趋复杂，眼光也越来越挑剔，种种迹象表明，那些凭一时激情诱发购买的消费时代已经一去不复返。但是事物都有两方面，由于消费时代的变革过快，多数消费者还缺乏明确的消费观念，基本上处于产品概念不稳定的磨合期。因此企业要抓住这个机遇，努力适应消费者多元化需求，并创造新的需求，顺势开发切合企业形象的概念产品，同时加强与消费者观念上的沟通，强化消费者尝试性欲望，改变消费者观念认知，通过概念营销营造出一种买卖者互利需求的氛围，从而谋求卖方市场最有利的销售条件。

海尔空调的产品营销策略是：每年都以采用一种新的技术或材料生产的产品推出一个全新的"概念"，通过"概念营销"来实现自己的营销战略目标。一旦推出一种新的"概念"，必定会在接下来的一年内持续不断地进行全范围、大容量的广告形象宣传，电视、报刊、网络同时上演海尔空调的广告宣传。

当然，概念产品的研发不能无中生有，要做到实事求是，研发概念只能来源于对产品本身优势的把握。对于一个企业来说，如果能寻找和挖掘到适合的产品概念，那么概念营销就等于成功了一半。成功的概念营销的操作包括以下几个方面。

一、概念的成功需要产品来证明

企业要依据产品的特性来界定概念营销。概念营销一般可以从产品的特点、便利性、新奇、美观等方面入手。通常产品的功能是消费者最为关心的，功能就是要带给消费者实实在在的利益。

在这个消费异化的时代，消费者购买的不是产品，而是产品能带给他的核心利益，是一种价值和身份的象征。所以通常情况下消费者的核心利益是否得以满足，是一个准备突出概念营销的企业应该考虑的问题。比如在买空调产品的时候，消费者首先购买的是使室内空气降温的功能，这就是空调的核心功能。脱离这一点，再好的消费概念也不起作用。比如"自然风空调"，"自然风空调"这一概念不仅能带给消费者使室内降温的核心利益，而且能够给室内带来清新流畅、舒适宜人的空气。因为"自然风空调"在原有的核心价值基础上又添加了新的功能，所以人们才会更加喜爱它，这使得"自然风"概念空调获得良好的口碑，促使概念的推广迅速地走向成功。

二、立足消费者需求，挖掘精准新概念

随着知识经济时代的到来，新知识、新技术、新科学不断涌现并应用到人们的生活当中。社会开始进入一个漫长的转型期，在这个转型期内，消费者总是处于错综复杂、千变万化之中，这导致消费者的观念、知识也必然处于不断地变化发展之中。其需求也必然发生显著的变化。在这个多元化的转型期内，挖掘出既具前瞻性又具经济性的消费新概念是成功概念营销的关键。

企业的概念营销活动需要贴近消费者的生活，贴近消费者的现实需求甚至潜在需求，只有这样新的消费概念才有可能被消费者接受，让消费者产生耳目一新的满足感与欣喜感，从而使潜在需求或现实需求转变为购买行为。

概念挖掘的首要条件是了解大众需求、社会需求以及准顾客的真正需求，也就是说要充分了解市场。举个例子，脑白金在推出它的新概念产品之前通过市场调研发现现在很多人因为压力过

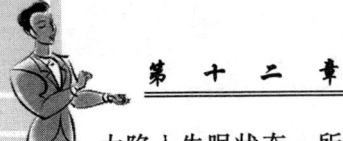

大陷入失眠状态，所以它最初就是以销售理念"治疗睡眠不好的人群"走入市场的。

三、挖掘概念还要随市场环境变化

市场随时在变化，如果人的思维还停留在仅仅依靠过度广告制胜的时代，那么其市场就会被凭借概念营销策略者占有。比如十几年前买牙膏只要说"防蛀"顾客就能认可。今天的牙膏不但能防蛀、美白、坚固牙齿，含有蜂胶，还要有很多部门推荐，这就是市场残酷的竞争，如果不注意这些变化将会很快被市场出现的概念产品所淹没。

在确定新概念的时候要有一定的前瞻性，可以保证消费概念的先进性和理念性的提高，能使消费者产生一种心理期待，有利于消费者认可甚至接受，并进一步采取购买行为。

总之，在现代社会，成功的营销离不开概念营销的操作。

进行植入式的营销

在营销学中，植入式营销又称植入式广告，是指将产品或品牌及其代表性的视觉符号甚至服务内容，策略性地融入报纸、杂志、网络游戏、电影、电视剧或电视节目等渠道之中，通过场景的再现，让观众在不知不觉中留下对产品及品牌的印象，继而达到营销的目的。

一般来说，按照植入的方式和受众接受的程度，植入式营销可以分为以下几类：

一是产品植入式营销。产品植入式营销是指产品仅仅作为媒体节目中的道具，如湖南卫视《一起来看流星雨》中无处不在的舒蕾洗发水、名爵汽车、香飘飘奶茶、阿迪王等一系列广告。这种植入式营销都是选择受众极多的媒体节目。但这种植入方式略显生硬，有时会让观众明显感觉到这是广告，与传统媒体广告的差别仅仅是从节目外移到了节目中。

二是企业形象植入式营销。这主要是指节目本身就是在介绍一个企业，它们通过一个完整的故事情节，在观众品味文化大餐的同时全面地了解企业及其产品，这种植入方式更容易被观众接受。如电视剧《天下第一楼》讲述全聚德烤鸭店的成长历程，在电视剧播出后，全聚德烤鸭店人满为患；同仁堂在人们心中的知名度和美誉度的大幅提升与《大宅门》和《大清药王》讲述同仁堂的故事密不可分。通过讲故事来介绍企业，抹去了企业推销自己的影子，起到了非常好的宣传效果。

三是品牌形象植入式营销。品牌形象植入式营销，即企业根据自己产品的风格和目标消费群体的定位，选择一个同样风格的有潜力的或已发展成熟的媒体产品，主动与其合作以塑造企业形象或产品品牌。目前，收视率排行第一的《天天向上》的品牌定位就是年轻、活力，而Windows7的推出也看好年轻消费群体，这两者的消费群和观众群非常相似，这使得微软的植入收到了很好的效果。

四是文化植入式营销。植入营销的最高境界就是文化的渗透，它植入的不是有形的产品和无形的品牌，而是一种有形和无形相结合的文化，通过文化的渗透宣扬在其文化背景下的产品。湖南卫视独家播出的韩国电视剧《大长今》就是一个典型的例

子。该剧用大量的篇幅介绍韩国料理的制作和针灸方法，还有韩国服饰、文化遗址、道德规范，这些韩国文化都潜移默化地留在了观众心中。这种文化植入的经济效果是非常明显的，如韩国服饰和化妆品在中国热销，大批韩国艺人进军中国文化市场，甚至学韩语的人也多了起来。这种文化植入注重长远利益，通过影响受众的消费观念，从而改变他们的消费行为，最终达到了植入者的经济目的。

以上四种植入式营销方式无论哪种，看似简单，其实都需要绝对周密的策划，否则会影响广告营销的效果。

无论消费者喜不喜欢，植入式营销时代已经来临。作为营销人，如果要做大手笔的营销活动，要提高营销传播活动的效率，那么请别忘了植入式营销。

企业间合作营销

合作营销又称为协同营销，是指厂商之间通过共同分担营销费用的方式进行营销，协同进行营销传播、品牌建设、产品促销等方面的营销活动，以达到共享营销资源、巩固营销网络目标的一种营销理念和方式。

公司应该全方位寻求与自身品牌定位相一致的企业进行合作，包括上游供应商、下游渠道分销商、零售商以及其他厂商。合作营销可以实现产品品牌的延展，也可以实现公司产品品牌与其他公司品牌的配套与联合，从而增进公司的品牌竞争力。

2002 年 1 月 8 日，海尔集团与日本三洋电机株式会社合资成立一个新公司"三洋海尔株式会社"，两者结成了共存共赢的战略联盟。该公司以中日两国市场为基础，在网络时代互换市场资源，建立一种新型的竞合关系，以期创造更大的市场。海尔历史性地进入日本市场，标志着海尔的国际化战略发展到了一个新的更具国际竞争力的阶段。

海尔三洋达成"竞合模式"是有一定的前提的，首先，它们采取的都是全球化和国际化战略，它们需要把它们的产品打到全世界。第二点，双方各有优势，如果进行全面的合作，就可以进行优势互补和市场资源的共享，尽可能地发挥自己的优势。

随着市场竞争的日趋激烈，单个公司仅凭一己之力，已难以应对快速多变的经营环境。公司走联合之路，依靠牢固的价值链和营销网络，在市场中站稳脚跟，不失为一个选择。

索尼公司实施合作营销的主要方式是组建品牌联盟。品牌联盟是索尼积极地与拥有共同发展理念的企业进行的弹性联盟（战略性合作关系），索尼旗下很多产品如今已经将这种弹性联盟运用得炉火纯青。

为了更有效地提升索尼品牌的影响力，强化其时尚特色，2004 年索尼不断拓展与各领域知名品牌的深层合作。2004 年，索尼和福特强强联手打造车内音响，首次在北美地区将索尼品牌音响系统在福特原厂组装在汽车内。几乎同时，索尼与娱乐巨人迪士尼、影像巨头柯达携手，联合展开了为期一个月的促销活动。同时，索尼爱立信与星巴克联手，将索尼爱立信相关产品信息在星巴克遍布北京、天津的 42 家连锁店进行展示。

索尼的品牌联盟伙伴继续延伸，甚至还包括它的竞争对手。

中小企业营销指南

随着以等离子电视、液晶电视为代表的平板电视市场的迅速启动，索尼与富士通合作开始推出等离子电视，又与韩国三星共同打造液晶屏生产线。

索尼的高级经理们对品牌联盟都有深刻的理解，他们认为不论公司处于价值链的什么位置，面对日益多变的动态市场环境，需要庞大的营销预算，而单凭自身的资源是难以满足市场启动与运作巨大开支的。因此，索尼积极寻求合作营销策略，寻求一种最佳支配营销预算的途径，这也是索尼品牌联盟的起因。

索尼的品牌联盟是合作营销的一部分，合作营销可以实现产品品牌的延展，也可以实现公司产品品牌与其他公司品牌的配套与联合，从而增进公司的品牌竞争力，同时合作营销也可以是多方面、深层次的。

公司可以与非相关行业的其他厂商合作营销，这是一种横向联合式的合作营销，它往往能够取得一种珠联璧合的品牌效果。这种合作往往是以公司之间的战略业务联盟为基础，选择具有优势互补背景的公司进行合作营销，创立合作品牌。

公司与非相关行业建立合作促销关系，可以实现跨行业交叉销售。由于合作各方的市场定位一致，合作各方就锁定了相同的目标顾客群。基于此，公司通过与相关公司的合作，可以为自己的目标客户特别是忠诚客户提供打包服务。通过交叉销售可以使客户获得更好地满足需求的打包服务，从而获得最大化的价值和利益。

公司与上下游厂商进行的合作营销，是一种纵向整合式的合作，可以使公司品牌在更大范围得到延展。通过同一渠道向最终的目标顾客传播，整合使用自身与上下游厂商的广告预算。在市场推广阶段，公司可以利用合作促销的形式，实现与合作伙伴促销的相互对接，节约促销的实际开支。

公司通过与上下游厂商的合作营销，彼此协同运作维护稳定的关系，可以降低整个价值链内部的管理成本和信息交换成本，同时也可以进一步巩固合作各方之间的联盟关系。

21世纪的市场竞争已经不再是单个公司之间的竞争，而是公司族群之间的竞争，是有着一定合作关系的营销网之间的竞争。公司必须以合作营销的战略思维，创造出各种互利双赢的合作营销方案，以此加强公司与客户、供应商、分销商和零售商之间的网络关系，从而营造公司的营销竞争优势。

实施公益营销增加品牌美誉

公益营销就是企业围绕某个主题开展公益活动，并通过媒体开展公关宣传，力图吸引消费者的参与体验或关注，提升企业或产品品牌的知名度和美誉度，最终目的是促进产品销售。

企业在开展公益营销时，还要借助于相关的公益组织来实施公益计划，通过资源整合来实现公益传播效果最大化，目的是要达到良好的宣传效果，实现企业、社会公众和公益组织等多方共赢的目标。从它的目的来看是"公益＋营销"的模式，而不是纯粹的公益活动。

肯德基于20世纪80年代进入中国市场，并在北京成功发展了几家连锁店，尤其是前门的肯德基店成为肯德基在全世界销售额最高的分店。肯德基老板隐约看到中国市场的良好潜力，计划在中国几个大城市扩大规模。但是由于社会环境使肯德基老板对扩大规模始终犹豫不决。为了在中国老百姓的心目中树立良好形象，肯德基公司赞助了北京农运会、排球比赛等活动，但收效不大，这令肯德基公司高层领导一筹莫展。

直到有一天，肯德基北京公司总经理许喜林看到了一本《半月谈》，他从书中看到了邓小平为"希望工程"的题词以及"希望工程"的简介。资料显示，中国青少年基金会由于刚刚发起"希望工程"，因缺乏宣传和赞助而参加者甚少，基本处在初步形成阶段。可这是一项国家重视、人民拥护的事业。许喜林想，如果肯德基带头响应"希望工程"的号召，对于改善其公众形象将大有益处，公司高层领导听了他的提议后觉得这的确是公司树立形象的大好时机，于是肯德基开始着手策划此项活动。

首先，公司在全国捐建了几所"希望小学"，为了不使这次活动流于形式，许喜林同时建议让公司全体员工，每人资助一名贫困儿童上学，并为此在人民大会堂举行了新闻发布会。发布会当天，《人民日报》、《经济日报》等全国30多家、海外20多家新闻媒体都对之进行了大篇幅的报道。

其次，为了增强新闻传播的效应，他们又与北京电视台一道邀请了河北崇礼县几十名受捐助的山村孩子来北京参观旅游。北京电视台《18分钟经济社会》以"圆梦"为题做了专栏报道，博得了社会各界的广泛同情、好评与参与。

通过这一连串的"希望活动"，肯德基在社会上树立了良好的企业形象，并得到了媒体、政府和公众的高度赞许，进而形成了宽松有利的社会环境，使肯德基在北京、青岛、西安、上海等

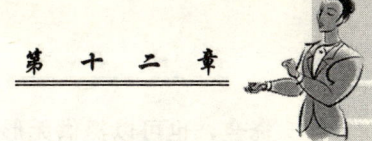

中小企业营销指南

地的分店如雨后春笋般地迅速发展起来。

　　在市场竞争日渐激烈的趋势下，品牌与公益几乎已经如影随形，企业开始重视自身的社会品牌形象的传播，公益营销已经成为众多企业树立品牌优势的重要手段。随着公益营销重要性的加强，全国性营销活动中公益营销成为运用越来越广泛的一种模式。这种模式能够使企业与大众建立长期友好的关系，提高企业知名度、亲和力和美誉度。因而得到越来越多企业的青睐，他们纷纷在各种公益事业中踊跃开展献爱心活动，以在消费者心中树立良好的企业形象。

　　公益营销要把握好分寸，既要达到增加公司美誉度，又要切实为社会办好事，当然这其中的分寸并不是很好拿捏的，如果商业痕迹过重就会引起人们的反感和质疑，显然，人们需要的是各个企业表现真正的公益行为，而非作秀行为。

　　怎样才能做好公益营销呢？主要应做到以下几点。

　　一是公益需要责任感的支撑。每个有成就感的企业都是有远见的企业，也是有责任感和使命感的企业，包括许多国内外知名品牌在内。但对企业来说，无论采取什么样的主题和形式，成功的公益营销都应建立在强烈的社会责任感的基础之上，而不是一时的创意或灵感。比如说当面对大地震时，许多把"责任、关爱"等当成文化理念的跨国企业积极履行企业文化理念，勇敢地站了出来，积极参与各种捐助和灾后重建活动，担负起了企业公民的责任，这便在消费者心目中植入了一个真正的品牌企业形象。

　　二是公益赞助方式应该真诚。企业无论是以何种方式进行公益赞助活动，都要谨记"真诚"二字。捐赠行为可以提供有形的资金，也可以提供无形的劳动付出。捐赠方式不一定需要大手笔付出，但需要表示自己的诚心诚意。比如说企业公益活动只要对被捐者表达一定的善意，对社会发展做出有力的贡献，都能得到人们的理解。要是太过功利的话，即使开展支援活动，也会让民众怀疑企业是虚情假意的，这反而会损坏企业形象。所以，一般捐赠都需要以真诚为前提，以实际付出为行动来赢取人们的好感与支持。

三是尽量淡化商业痕迹，引导第三方进行评价。追求利润是每个企业的潜在动力，追求利润最大化是企业的天性，但是企业在公益活动中展现爱心和责任时应该尽量淡化商业痕迹，不要"王婆卖瓜——自卖自夸"，而要引导第三方进行评价，增加大众对企业价值的认可。任何企业的成功都与社会良性生存和发展紧密相连，我们只有远离经济效益的短视行为，倡导和谐发展，才能与社会、政府产生良好的互动，为长远发展提供必要的支持。

四是让公益活动变成长线宣传策略。公益活动不是短期行为，而是细水长流地慢慢培养与消费者的感情，以持续保持良好的企业形象。把它当成一个长远的公益事业是很容易引起政府、媒体和大众的关注与好感的。

中小企业一定要关注公益事业，让公益事业来提高自己的美誉度。